LOTHAR MÜLLER

Die Scholien zu Buch 21 Titel 1 der Basiliken

NEUE KÖLNER
RECHTSWISSENSCHAFTLICHE
ABHANDLUNGEN

HERAUSGEGEBEN VON

DER RECHTSWISSENSCHAFTLICHEN FAKULTÄT
DER UNIVERSITÄT ZU KÖLN

HEFT 41

Berlin 1966

WALTER DE GRUYTER & CO.

vormals G. J. Göschen'sche Verlagshandlung · J. Guttentag, Verlagsbuchhandlung
Georg Reimer · Karl J. Trübner · Veit & Comp.

Die Scholien zu Buch 21 Titel 1 der Basiliken

Von

Dr. Lothar Müller

Wissenschaftlicher Assistent an der Universität zu Köln

Berlin 1966

WALTER DE GRUYTER & CO.

vormals G. J. Göschen'sche Verlagshandlung · J. Guttentag, Verlagsbuchhandlung
Georg Reimer · Karl J. Trübner · Veit & Comp.

Gedruckt mit Unterstützung der Stiftung Volkswagenwerk

Archiv-Nr. 27 08 66 2
Satz und Druck: Walter de Gruyter & Co., Berlin 30

INHALTSÜBERSICHT

LITERATURVERZEICHNIS

Berger, A.	Zu Justinian's Verbot der Digestenkommentierung, Labeo 4 (1958) 66 ff.
—	Bespr. zu Basilicorum libri LX in TR 22 (1954) 182 ff.
—	The emperor Justinian's ban upon commentaries to the Digest, BIDR Suppl. p. b. (1951) 124 ff.
Bethmann-Hollweg, M. A. v.	Zivilprozeß I—VI, Bonn 1864—1874
Collinet, P.	La procédure par libelle, Paris 1932
Guarino, A.	Sull'importanza delle compilazioni giuridiche bizantine per l'indagine storio-critica, Scritti Ferrini Pavia. Milano 1946, 307 ff.
Holwerda, D.	Le code Justinien et sa traduction Greque, Classica et Mediaevalia 23 (1962) 274 ff.
Jahr, G.	Litis contestatio, Köln-Graz 1960
Jörs-Kunkel-Wenger	Römisches Recht,[3] Berlin 1949
Lévy-Bruhl, H.	Recherches sur les actions de la loi, Paris 1960
Maridakis, G. S.	Justinian's Verbot der Gesetzeskommentierung, ZSS 73 (1956) 369 ff.
Masi, A.	Alcuni scolii marginali o interlineari contenuti nel Cod. Laur. Plut. LXXX, 11 et la nuova edizione dei Basilici. BIDR 65 (1962) 223 ff.
Mommsen, Th.	Römisches Strafrecht, Darmstadt 1955
Müller, H.	Der 1. Titel des 20. Buches der Basiliken des Patzes, Würzburg 1940
Peters, H.	Die oströmischen Digestenkommentare, Sitz.-Ber. der Ges. d. Wiss. zu Leipzig Bd. 65 (1913)
Πετρόπουλος, Γ. Α.	Ἱστορία καὶ εἰσήγησις τοῦ Ῥωμαϊκοῦ Δικαίου.[2] Ἀθῆναι 1963
Pringsheim, F.	Justinian's prohibition of commentaries to the Digest. RIDA V (1950) 383 ff.
—	Zum Plan einer neuen Ausgabe der Basiliken, Berlin 1956
Scheltema, H. J.	Probleme der Basiliken, TR 16 (1939) 320 ff.
—	Die Verweisungen bei den frühbyzantinischen Rechtsgelehrten, TR 30 (1962) 355 ff.
Schmitt, L.	Die Scholien zu Buch 12 Titel 1 der Basiliken, TR 24 (1956) 158 ff.

Seidl, E.	Römische Rechtsgeschichte und römisches Zivilprozeßrecht. Köln 1962
—	Die Basilikenscholien im Tipukeitos. BZ 44 (1951) 534 ff.
—	Die Jurisprudenz ägyptischer Provinzialrichter, Festschrift für Ernst Rabel II. Tübingen 1954. 235 ff.
—	Die Methode der Kommentatoren, Studi Betti IV, 131 ff.
—	Bespr. zu Pringsheim, Basilikenplan, in TR 25 (1957) 405 ff.
Sontis, J. M.	Die Digestensumme des Anonymos, Heidelberg 1937
Wenger, L.	Die Quellen des Römischen Rechts. Wien 1953.
Wetzell, G. W.	System des ordentlichen Civilprozesses, Leipzig 1865.
Zepos, P. J.	Die Byzantinische Jurisprudenz zwischen Justinian und den Basiliken. Berichte zum 11. internationalen Byzantinisten-Kongreß, München 1958

LEXIKALISCHE HILFSMITTEL

Handlexikon zu den Quellen des römischen Rechts, Graz 1958	H. Heumann, E. Seckel
Greek—English Lexicon Oxford 1953	H. G. Liddell, R. Scott
ΝΕΟΝ ΛΕΞΙΚΟΝ ΟΡΘΟΓΡΑΦΙΚΟΝ ΚΑΙ ΕΡΜΗΝΕΥΤΙΚΟΝ, Ἀθῆναι 1959	Δ. Β. ΔΗΜΗΤΡΑΚΟΥ
Paulys Realenzyklopädie der klassischen Altertumswissenschaft, Stuttgart 1894—1962	G. Wissowa u. a.

GESETZESTEXTE

Basilicorum libri LX, Vol. I—VI, Leipzig 1833—1850	C. W. E. Heimbach
Basilicorum libri LX, Supplementum, Leipzig 1846	C. E. Zachariae von Lingenthal
Basilicorum libri LX, Vol. VII, Leipzig 1897	E. C. Ferrini, I. Mercati
Basilicorum libri LX, Textus, Vol. A I—A IV Groningen, Gravenhage 1955 ff.	H. J. Scheltema, N. Van der Wal
Basilicorum libri LX, Scholia, Vol. B I—B V Groningen, Gravenhage 1953 ff.	H. J. Scheltema, D. Holwerda
Corpus Juris Civilis, Vol. I—III, Berlin 1954	Th. Mommsen, P. Krüger
M. ΚΡΙΤΟΥ ΤΟΥ ΠΑΤΖΗ ΤΙΠΟΥΚΕΙΤΟΣ, Vol. 1—5, Rom 1914—1957	E. C. Ferrini, I. Mercati, F. Doelger, St. Hoermann, E. Seidl
ΣΥΝΤΑΓΜΑ ΤΩΝ ΘΕΙΩΝ ΚΑΙ ΙΕΡΩΝ ΚΑΝΟΝΩΝ, ΤΟΜ. 1—6, Ἀθῆναι 1852—1859	Γ. Α. ῬΑΛΛΗ καὶ Μ. ΠΟΤΛΗ
Αἱ Ῥοπαι, Jus Graecoromanum, Vol. III ed. Zepos, Athen 1931	C. E. Zachariae von Lingenthal
ΒΑΣΙΛΙΚΑ, ΤΟΜ. Α—Ε, Ἀθῆναι 1910—1912	Ι. Δ. ΖΕΠΟΣ

ABKÜRZUNGSVERZEICHNIS

App.	Apparat
B.-Bas.	Basiliken
BIDR	Bullettino dell'istituto di Diritto Romano, Mailand
BP	Basiliken des Patzes. Vgl. Tipukeitos
BZ	Byzantinische Zeitschrift. München
C.	Codex Justinianus
Const.	Constitutio
D.	Digesten Justinians
Erg.	Zu ergänzen, bzw: Hier ist folgendes gemeint!
Hb.	Heimbach, Die Basiliken
Inst.	Institutionen Justinians
κεφ.-Kap.	κεφάλαιον
Leo Phil.	Kaiser Leo Philosophos
Nov.	Novellen (ohne Zusatz diejenigen Justinians)
RE	Pauly—Wissowa, Realenzyklopädie der klassischen Altertumswissenschaft. Stuttgart
S.	Seite
Sch.	Scholion
Schelt.	Basilicorum libri LX, ed. Scheltema. Groningen.
Schelt. A	Series A (Textus)
Schelt. B	Series B (Scholia)
T.	Titel
t.	Thema
Tip.	Tipukeitos, ed. Ferrini, Mercati, Doelger, Hoermann, Seidl, Rom
TR	Tijdschrift voor Rechtsgeschiedenis. Groningen
Verw.	Verweisung
Z.	Zeile
ZSS	Zeitschrift der Savigny-Stiftung für Rechtsgeschichte. Weimar

A. EINLEITUNG

Die vorliegende Arbeit möchte zu den Untersuchungen, die durch die erstmals von H. J. Scheltema und D. Holwerda paläographisch getreu herausgegebenen Basiliken[1] angeregt wurden, einen weiteren Beitrag leisten und gleichzeitig ein kleiner Schritt auf dem Wege zu einer späteren emendierten Ausgabe[2] der Basiliken sein.

Der dieser Untersuchung zugrunde liegende Titel 1 des 21. Buches: περὶ μαρτύρων ist uns mit Scholien nur im Cod. Paris. 1348 erhalten[3], so daß zum Vergleich nur der entsprechende Titel aus dem Tipukeitos des Patzes[4] in Betracht kommt, der allerdings in seinem Umfange sehr gering ist. Durch die zeitliche Entfernung[5] des Cod. Paris. 1348 vom Archetypus der Basiliken — der Cod. Paris. 1348 stammt aus dem 13. Jahrhundert — enthält dieser Titel Scholien weitauseinanderliegender Entstehungszeiten sowie eine Vielzahl solcher, die einmal oder mehrfach überarbeitet worden sind.

Der Inhalt des Titels, das Zeugenrecht, ist bisher ausführlich noch nicht behandelt worden[6]. Die Behandlung des Zeugnisses ist in den Basiliken viel ausführlicher, als im modernen Prozeßrecht, und umfaßt

[1] Basilicorum libri LX, Series A (Textus), edit. H. J. SCHELTEMA et N. VAN DER WAL, J. B. WOLTERS, Groningen etc. 1955ff. Bisher erschienen 4 Bde. mit den Büchern 1—34.
Basilicorum libri LX, Series B (Scholia) edit. H. J. SCHELTEMA et D. HOLWERDA, J. B. WOLTERS, Groningen etc. 1953ff. Bisher erschienen 5 Bde. mit den Scholien zu den Büchern 1—30. Die Bücher 35—60 mußten in „Τὰ Βασιλικά,, hgg. von Karl Wilhelm Ernst Heimbach, Leipzig 1833—1870" benutzt werden.

[2] Siehe dazu: F. PRINGSHEIM, Zum Plan einer neuen Ausgabe der Basiliken, Berlin 1956. E. SEIDL, Besprechung zu F. PRINGSHEIM a. a. O. in TR 25 (1957) 405—410. A. BERGER, Besprechung zu Bas. libri LX in TR 22 (1954) 182—190. H. MÜLLER, Der 1. T. des 20. B. der Bas. des Patzes, Würzburg 1940. S. 23ff. A. MASI, Alcuni scolii, in BIDR 65 (1962) S. 223ff.

[3] Ohne Scholien ist der Titel nur im Cod. Ambrosianus erhalten und von E. C. FERRINI, Suppl. alt. zur Heimbach'schen Ausgabe, Leipzig 1897, S. 214 mit Cod. Paris. 1938 collationiert.

[4] M. Κριτοῦ τοῦ Πατζῆ ΤΙΠΟΥΚΕΙΤΟΣ, Bd. 2, edit. F. DOELGER, (Studi e testi 51) Roma 1929, S. 175—179. Dazu E. SEIDL, Die Basilikenscholien in Tipukeitos. BZ 44 (1951) S. 534ff.

[5] Siehe SCHELTEMA A III, Praef.

[6] Knappe Darstellungen sind enthalten bei:
G W. WETZELL, System des ordentlichen Civilprocesses. Leipzig 1865, S. 179ff.

nicht nur eingehende Vorschriften über das Prozeßzeugnis, sondern gleichfalls über das Zeugnis bei Vertragsschluß und Testamentserrichtung.

Der erste Teil der Scholien, diejenigen, die zu den Dig. 22, 5 entsprechenden Kapiteln gehören, bedurfte einer ausführlicheren Bearbeitung, als die folgenden, die zu den Cod. 4, 20 und Nov. 90 entsprechenden Kapiteln gehören, weil sich in diesem zweiten Teil der Scholien manches wiederholt. Scheltema hat bereits im App.[7] jedes Scholion zu einem bestimmten Wort oder Satzteil des betreffenden Bas.-Kapitels lokalisiert. Wenn bei der Bearbeitung mancher Scholien diese Bezugnahme wiederholt wurde, so geschah dies, weil es zur Erklärung des oft sehr weit gegriffenen Zusammenhangs notwendig war. Manche Scholien, auf die nicht eingegangen wurde, enthielten kein Problem im Rahmen der gestellten Aufgabe. Da der von Scheltema herausgegebene Bas.-Text bisher erst die Bücher 1—34 umfaßt, mußte bei Verweisungen in die Bücher 35—60 die Bas.-Ausgabe Heimbachs benutzt werden.

B. ERGEBNISSE

I. Zahlenmäßige Ergebnisse

Das Schwergewicht dieser Untersuchung liegt in der Emendierung der παραπομπαί, von denen der vorliegende Titel B. 21, 1 (Pa) insgesamt 499 enthält. Davon verweisen 288 in die Basiliken, 58 in die Digesten, 81 in den Codex Justinianus, 11 in die Institutionen, 23 in die Novellen, 30 in andere Scholien, 8 in übrige Quellen.

Von diesen παραπομπαί weichen 248, nahezu die Hälfte, von der uns bekannten Zählweise Scheltemas[8] und Heimbachs[9] und des Corpus Iuris[10] ab. Dazu sind nicht diejenigen gezählt, die Scheltema bereits in Klammern emendierte, noch die, die nach der „consuetudo auctorum saeculi sexti in laudandis digestorum locis"[11] zitiert sind; denn diese Verweisungen nach der „consuetudo" stellen keine Abweichung von der uns bekannten Zählweise dar, weil hier lediglich die Zahlenangabe mancher Bücher und Titel durch eine bei einigen Juristen des 6. Jahrhunderts gebräuchliche Überschriftenangabe ersetzt wird.

Von diesen Abweichungen beziehen sich 17 auf die Buchangabe, 17 auf die Titelangabe, 143 auf die Angabe der κεφάλαια oder leges, 46 auf die Angabe der θέματα oder §§.

25 Verweisungen waren nicht auffindbar; hierbei handelt es sich jedoch überwiegend um Verweisungen auf Scholien, die nicht erhalten sind; denn zu einem Drittel der gesamten Basiliken sind uns die Scholien verlorengegangen[12].

M. A. v. Bethmann-Hollweg, Zivilprozeß III. Bonn 1866, S. 274ff.
Th. Mommsen, Römisches Strafrecht. Darmstadt 1955, S. 401ff.
P. Collinet, La procédure par libelle, Paris 1932, S. 346ff.
H. Lévy-Bruhl, Recherches sur les actions de la loi, Paris 1960, S. 214ff.
G. Jahr, Litis contestatio, Köln, Graz 1960, S. 5ff. Kaser, RE Testimonium.
E. Seidl, Röm. Rechtsgeschichte und römisches Zivilprozeßrecht, Köln 1962, S. 180f.

[7] Schelt. Series A. App.

[8] Schelt. Series A.

[9] Hb. a. a. O.

[10] Corpus Iuris Civilis, ed. P. Krüger, Th. Mommsen, 16. Aufl. Berlin 1954.

[11] Siehe hierzu die Übersichten von Hb VI (Prolegomena) S. 20ff. und Schelt. B II S. IX.

[12] Vgl. hierzu die Übersicht bei F. Pringsheim, a. a. O. S. 34.

Neben diesen abweichenden παραπομπαί enthält der Titel weitere 117, die an sich richtig aber unvollständig sind, bei denen die θέμα- oder §-Angabe, häufig auch die κεφάλαιον- oder lex-Angabe fehlt; diese wurden zur leichteren Benutzung ergänzt.

Im Vergleich zu den Scholien zu B. 12, 1 aus Cod. Coisl. 152 und Cod. Paris. 1352, deren 440 παραπομπαί 166 Abweichungen enthalten[13], weist der vorliegende Titel aus Cod. Paris. 1348 einen wesentlich höheren Durchschnitt an Abweichungen auf. Dies ist aus dem Alter der Handschriften nicht zu erklären; denn die beiden B. 12,1 enthaltenden Handschriften sind noch etwa ein Jahrhundert jünger[14], als Cod. Paris. 1348. Ihre Verweisungen sind jedoch viel mehr auf Stellen des Corpus Iuris gerichtet. Diese Scholien stammen somit zur Mehrzahl aus den Schriften der älteren Gruppe byzantinischer Juristen, die unter oder bald nach Justinian arbeitete[15]. Das erklärt ihren geringeren Durchschnitt an Abweichungen, der außerdem in einer exakteren Arbeit der Schreiber dieser Hss. begründet sein mag; denn bei Verweisungen in das Corpus Iuris ist die Fehlerquelle der Transposition von Corpus Iuris- zu Basilikenangaben ausgeschaltet, aus der sich, wie bei der Durchsicht der Scholien zu B. 21, 1 ersichtlich, die meisten Abweichungen ergaben. Das Zahlenverhältnis der Verweisungen in das Corpus Iuris und in die Basiliken ist jedoch alleine noch kein Anhaltspunkt zur Bestimmung des Alters der einzelnen Scholien.

II. Scholien

Im Unterschied zu den Scholien zu B. 12, 1 enthalten die vorliegenden insgesamt 30 Verweisungen auf andere Scholien. Diese sind an verschiedenen Bezeichnungen festzustellen: παραγεγραμμένα[16], παραγραφή[17], ἑρμηνεῖαι[18], ἐξήγησις[19], τὰ συνταχθέντα σοι[20], ὧν εἴπομέν σοι[21], τὸν παλαιόν (τοὺς παλαιούς)[22], τοῦτό φησι διὰ τὸ κεφ . . . .[23], ὁ (τοῦ

[13] L. Schmitt, Die Scholien zu Buch XII Titel I der Basiliken, in TR 24 (1956) S. 158ff.

[14] Siehe Schelt. A I u. A III Praef.

[15] Hierzu H. J. Scheltema, Die Verweisungen bei den frühbyzantinischen Rechtsgelehrten. TR 30 (1962) S. 355ff. P. J. Zepos, Die Byzantinische Jurisprudenz zwischen Justinian und den Basiliken, München 1958.

[16] Schelt. B IV, 1227, 29.

[17] 1253, 22. 1263, 25. 1267, 3 u. 28. 1269, 5. 1274, 28. Vgl. H. Peters, Die oström. Digestenkommentare S. 4.

[18] 1247, App. zu 28. 1263, 14.

[19] 1274, 32.

[20] 1258, 24.

[21] 1258, 19 u. 23.

[22] 1245, 3. 1252, 9. 1259, 27 u. 32. 1270, 4.

[23] 1226, 7 f. 1271, 26

Θεοφίλου) τίτλος[24]; in einigen Fällen sind Verweisungen in Scholien auch durch Angabe des Verfassernamens[25] angezeigt. An anderen Stellen[26] liegt nach einem auf eine normale Gesetzestextverweisung hindeutenden Ausdruck ebenfalls eine Verweisung in ein Scholion vor. Das deutet auf die Möglichkeit hin, daß der betreffende Verfasser Gesetzestext und Scholien der Stelle, auf die er verwies, nicht scharf trennte, sondern als eine positiv-rechtliche Einheit[27] angesehen haben mag.

Der Ausdruck σχόλιον kommt im vorliegenden Titel nicht vor[28].

Diese Verweisungen in Scholien sind wertvolle Anhaltspunkte zur Altersbestimmung des betreffenden Scholions, insbesondere diejenigen, die auf τοὺς παλαιούς verweisen; denn hiermit wird eine erhebliche Zeitdistanz und eine daraus resultierende Gleichgültigkeit gegenüber den Namen dieser alten Verfasser im Sinne „austauschbarer Größen" zum Ausdruck gebracht. Es handelt sich bei diesen „Alten" in allen Fällen um byzantinische Juristen der älteren Gruppe[29] vor Entstehung der Basiliken.

III. Altersbestimmung der Scholien

Für die Altersbestimmung der einzelnen Scholien lassen sich aus B. 21, 1 verschiedene weitere Kriterien herausziehen[30], die jedoch keinen Anspruch auf Vollständigkeit erheben können.

Mehr als die Hälfte aller Abweichungen beziehen sich auf die Angabe der κεφάλαια bzw. leges[31]. Diese Abweichungshäufigkeit gegenüber Buch-, Titel- und Themaangaben kann nicht paläographisch zu erklären sein, sondern sie ergibt sich aus der gegenüber dem Corpus Iuris gestraffteren Abfassung der Basilikentitel. Fast jeder Basilikentitel ist in seinem

---

24 1239, 28.

25 1224, 15 u. 18. 1228, 17. 1233, 9. 1239, 27. 1253, 18. 1259, 33. 1264, 7. 1268, 34. 1269, 16. 1270, 6 u. 10. 1274, 22f.

26 Schelt. B IV, 1223, 33. 1269, 12f. 1275, 20.

27 Dies wäre eine weitere Bestätigung der Vermutung von Zachariae (Aἱ ʽΡόπαι, Ius Graecoromanum, Vol. III ed. Zepos, Athen 1931. S. 102), daß Constantinos Porphyrogenitos den Scholia antiqua Gesetzeskraft verliehen haben soll. Vgl. H. J. Scheltema, Probleme der Basiliken in TR 16 (1939) S. 346. Vgl. hierzu auch B. 21, 2, 25, welches nur im ersten Satz C. 4, 20, 1 entspricht, während das Folgende auf ein in den Gesetzestext genommenes Sch. hindeutet.

28 Der Ausdruck „Βασιλικόν" für die Basiliken ist dagegen in Schelt. B IV 1253, 3 u. 1259, 6 zu finden, in der Pluralform 1256, 18. Vgl. L. Wenger, Die Quellen des römischen Rechts, Wien 1953. S. 702.

29 Siehe dazu: H. Peters, Die oström. Digestenkommentare a. a. O. J. M. Sontis, Die Digestensumme des Anonymos, Heidelberg 1937.

30 Vgl. H. J. Scheltema a. a. O. TR 30 (1962) 355ff.

31 L. Schmitt, a. a. O. S. 159 kam bei der Durchsicht von B. 12, 1 aus Cod. Coisl. 152 und Cod. Paris 1352 zu etwa dem gleichen Ergebnis.

ersten Teil den Digesten, im mittleren dem Codex und im letzten Teil den Novellen entnommen und dann als Ganzes in κεφάλαια durchgezählt. Bei dieser systematischen Zusammenfassung des Corpus Iuris nach Sachgebieten wurden in nahezu jedem Basilikentitel einzelne frühere leges weggelassen. Ob dies bei Abfassung der Basiliken oder später geschah, ist nicht feststellbar[32]. Sieht man einige dieser weggelassenen leges[33] durch, so läßt sich jeweils begründen, weshalb sie von den systematischer denkenden Basilikenverfassern ausgelassen wurden. Diese weggelassenen leges veränderten nun gegenüber dem entsprechenden Corpus Iuris-Titel die Zählweise des neuen Basilikentitels, da jeweils das der weggelassenen lex folgende κεφάλαιον auf deren Zahl abrückte[34]. Dies ist insbesondere offensichtlich beim ersten Teil eines Basilikentitels, der in fast allen Fällen einem Digestentitel entspricht, ist aber auch durch Addition bei den aus dem Codex und den Novellen entnommenen Titelseiten festzustellen.

Geht man nun diese Abweichungen in der κεφάλαιον-Angabe, die mehr als die Hälfte aller Abweichungen ausmachen, durch, so findet man in den meisten Fällen, daß die abweichende Angabe als entsprechende lex-Angabe des Corpus Iuris richtig wäre[35]. Daraus ergibt sich für die Altersbestimmung der Scholien, die Abweichungen dieser Art enthalten, folgendes: Sie müssen aus älteren Handschriften abgeschrie-

---

[32] Vgl. unten zu 1227, 30 u. 1228, 16.

[33] So im vorliegenden Titel D. 22, 5, 7. Die Stelle gehört bei strenger Betrachtung nicht in den Titel: De testibus, sondern in: De probationibus, weil Sklaven als Zeugen generell nicht in Betracht kamen; sie können nur in bestimmten Fällen ausgefragt werden. Siehe B. 21, 1, 31 = C. 4, 20, 8 und Nov. 90c. 6.

Die im vorliegenden Titel weggelassene C. 4, 20, 2 gehört in den Titel: De ingenuitate.

D. 48, 18, 5 wurde aus B. 60, 50 weggelassen, weil diese Beifügung zu D. 48, 18, 4 überflüssig erschien, da sie mehr Kommentar- als Normcharakter hat.

C. 2, 11, 5 wurde aus B. 21, 3 weggelassen, weil sie mit infamia gar nichts gemein hat. Die Stelle steht inhaltlich in engem Zusammenhang mit D. 48, 19, 15 (decuriones), die ebenfalls aus B. 60, 51 weggelassen wurde.

[34] Eine Ausnahme, die anderweitig nicht wieder zu finden war, bildet im vorliegenden B. 21, 1 (Pa) C. 4, 20, 2, die zahlenmäßig übersprungen wurde.

[35] Bei der großen Menge der als lex-Angabe richtigen Abweichungen hier nur einige Beispiele:

Schelt. B IV	1226, 28	κεφ. 10]	9 = D. 48, 18, 10
	1229, 21	„ . 48]	45 = D. 50, 16, 48
	1233, 5	„ . 9]	8 = D. 26, 10, 9
	1233, 8	„ . 10]	7 = D. 38, 10, 10
	1249, 8	„ . 20]	19 = D. 48, 18, 20
	1260, 10	„ . 8]	7 = D. 22, 5, 8

Die gleiche Erscheinung ist auch an einigen Stellen bei Abweichungen der Titelangabe festzustellen z. B. Schelt. B. IV 1234, 26 τιτ. 8] 2 = D. 4, 8, 32.

ben sein[36], die im Gegensatz zu Cod. Coisl. 152 und den Cod. Paris. 1348 und 1352 genau der Zählweise des Corpus Iuris folgten. Dies wäre eine weitere Bestätigung der Vermutung, daß der bisher unbekannte Archetypus der Basiliken in seiner Zählweise dem Corpus Iuris gefolgt ist[37] und die Auslassung einzelner κεφάλαια erst später stattfand.

Demzufolge stammen die Scholien, die diese Abweichungen enthalten, aus der Zeit nach Abfassung der Basiliken[38]. Dabei ist nicht auszuschließen, daß es sich in manchen Fällen um ältere Corpus Iuris-Scholien handdelt, die in ihren Verweisungen später flüchtig auf Basilikenangaben umgeschrieben wurden.

Die Scholien, die mit Sicherheit aus der Zeit vor Abfassung der Basiliken stammen, sind leichter erkennbar[39]. Es sind dies:

1. diejenigen, die nur Verweisungen in Corpus Iuris-Stellen enthalten,
2. die große Anzahl von Scholien, die Alternativverweisungen[40] enthalten, d. h. die ursprünglich nur Corpus Iuris-Verweisungen hatten, denen aber dann in einer späteren Bearbeitung nach Existenz der Basiliken alternativ (ἤτοι) die entsprechende Basilikenstelle hinzugefügt wurde.
   Das oben über κεφάλαιον-Abweichungen Gesagte wird durch viele Alternativverweisungen, bei denen die alte Angabe richtig ist, die Alternative dagegen von der uns geläufigen Basilikenzählweise abweicht, bestätigt.
3. sind hierunter Scholien mit Verweisungen nach der „consuetudo" zu zählen, sowie solche, deren Text lateinische Worte[41] enthält.

Ein weiterer Anhaltspunkt zur Altersbestimmung einiger Scholien ist die Verwendung des Wortes εἰς statt ἐν bei einer Verweisung. In der Entwicklung zum Neugriechischen hin ist ἐν zugunsten von εἰς weggefallen. Der überwiegende Teil der Scholien zu B. 21, 1 verweist: τοῦτο μανθάνεις ἐν . . . εἴρηται γὰρ ἐν . . . , ἐν . . . λέγει etc. Die Scholien, in denen statt dessen εἰς[42] steht, müssen demnach aus einer sehr späten Zeit stammen.

[36] Die Frage der Filiation des Cod. Paris. 1348 ist nicht direkt zu beantworten, weil die in ihm enthaltenen Bücher 20—30 in keiner anderen Handschrift enthalten sind.

[37] Vgl. M. Κριτοῦ τοῦ Πατζῆ Τιπούκειτος, Vol. 4 u. 5, ed. St. Hoermann et E. Seidl (Studi e testi 178 u. 193), Città del Vaticano 1955 u. 1957. Die Herausgeber schließen aus der großen Anzahl der dortigen Abweichungen, die als leges des C. I. richtig wären, auf eine Zählweise entsprechend dem C. I. Siehe Vol. 5, Index remissionum S. 287ff. Vgl. auch H. J. Scheltema, a. a. O. TR 16 (1939) S. 320ff. und H. Müller, a. a. O. S. 23ff.

[38] Vgl. F. Pringsheim, a. a. O. S. 15ff.

[39] Vgl. H. J. Scheltema, a. a. O. TR 30 (1962) S. 355ff.

[40] Z. B. Schelt. B. IV 1227, 28ff. 1228, 8ff. 1229, 25ff. 1233, 17ff. 1237, 23ff. 1240, 11ff. 1242, 20ff. 1243, 3. 1245, 25f. 1250, 6ff. 1260, 12ff. 1261, 1f. 1264, 3ff. 1267, 6f. 1276, 25f.

[41] Z. B. Schelt. B IV 1233, 15. 1232, 25ff. 1236, 33. 1240, 11. 1252, 22.

[42] Schelt. B IV 1239, 30. 1265, 14ff. 1270, 6.

Der beste Hinweis auf das Alter eines Scholions ist der bei vielen an den Anfang gestellte Verfassername[43], wenngleich auch hier spätere Bearbeitungen[44] vorliegen müssen, bei denen der alte Verfassername beibehalten wurde. In den Scholien zu B. 21, 1 sind insgesamt 16 Verfassernamen enthalten:

Aus dem 6. Jahrhundert[45]:
Theophilos[46], Isidoros[47], Anatolios[48], Thalelaios[49], Stephanos[50], Kyrillos[51], Athanasios[52], Philoxenos[53], Theodoros von Hermopolis[54].

Aus der Zeit zwischen dem 6. und 7. Jahrhundert:
Anonymos[55] und Enantiophanes[56]. Aus dem Studium dieses Titels ergibt sich kein Beitrag zu der Frage[57], ob Enantiophanes mit Anonymos oder mit Stephanos identisch ist, oder ob ein anderer Jurist diesen Namen erhielt, noch ob es einen oder zwei Anonymoi gegeben habe.

Aus dem 9.—11. Jahrhundert:
Joannes Nomophylax[58], Kalokyros[59], Nikaios[60], Kritos Michael[61] und Garidas[62].

---

[43] Bei einigen Sch. hat Hb andere Verfassernamen vorangesetzt,
so Schelt. B IV 1253, 1 Nomophylax = Hb Gregorios
1253, 9 Nomophylax = Hb Nikaios
1254, 1 Ohne Angabe = Hb Theodoros
1254, 23 Nomophylax = Hb Nikaios.

[44] Z. B. Schelt. B IV 1228, 8ff. wo am Ende des Sch. von Enantiophanes auf ein anderes Sch. des Enantiophanes verwiesen ist. Auch 1250, 6ff. und 23ff. 1264, 23.

[45] Siehe die Aufstellung bei Γ. Α. Πετρόπουλος, Ἱστορία καὶ εἰήγησις τοῦ Ῥωμαϊκοῦ Δικαίου, Athen 1944. S. 222ff. Hb VI (Prolegomena) S. 8ff.

[46] Schelt. B IV 1239, 28.

[47] 1221, 4. 1242, 1. 1243, 30.

[48] 1253, 18. 1259, 25 u. 33.

[49] 1266, 20 u. 31. 1268, 11. 1269, 16f.

[50] 1239, 27. 1268, 10; hier bezeichnet THEODOROS den STEPHANOS als seinen Lehrer.

[51] 1228, 23. 1230, 15. 1244, 1 u. 21.

[52] 1273, 14. 1274, 17.

[53] 1273, 10 u. 26.

[54] Schelt. B IV 1247, 29. 1248, 15 u. 29. 1250, 6. 1268, 1. 1273, 5. 1274, 5.

[55] 1228, 25. 1246, 12.

[56] 1228, 8 u. 17. 1229, 25ff. 1232, 12. 1240, 11. 1246, 18.

[57] Siehe Γ. Α. Πετρόπουλος, Ἱστορία S. 225 Anm. 13.

[58] 1229, 23 (1234, 23). 1243, 6. 1253, 1 u. 9. 1254, 23. 1274, 25.

[59] 1228, 1.

[60] 1234, 29. 1244, 18.

[61] 1265, 12. Es ist unwahrscheinlich, daß der Genannte mit MICHAEL HAGIOTHEODORITA (siehe Hb VI S. 202f. Πετρόπουλος, Ἱστορία S. 237ff.) MICHAEL PSELLOS oder MICHAEL ATTALEIOTA identisch ist. Der Name wird sonst nirgendwo angeführt. Dem εἰς κεφ . . . (1256, 12) nach muß es sich um einen sehr späten Scholiasten handeln.

[62] 1241, 10. 1261, 6.

Die Mehrzahl der Scholien ist dagegen ohne Verfasserangabe. Für eine Zuweisung dieser Innominatscholien an einen bestimmten Verfasser ergeben sich aus dem vorliegenden Titel keine Anhaltspunkte. Auch Hinweise auf Antinomien[63] müssen nicht unbedingt ein Scholion aus Enantiophanes anzeigen.

Die Scholien aus Thalelaios, Isidoros und Anonymos zitieren in einigen Fällen nach der „consuetudo“[64], in den meisten jedoch nicht. Das widerspricht an sich der These Scheltema's[65], daß diejenigen Autoren des 6. Jahrhunderts, die nach der „consuetudo“ zitieren, dies auch ausschließlich tun. Folgt man dieser These jedoch, so muß man bei den Scholien dieser Verfasser, die nicht nach der „consuetudo“ verweisen, unterstellen, daß es sich um spätere Bearbeitungen handelt.

IV. Kommentarfragen

Von Kommentar im modernen Sinne kann man bei den wenigsten Scholien zu B. 21, 1 sprechen. Die meisten enthalten nur inhaltliche Wiederholungen, Paralleldefinitionen, Antinomien und Beispiele[66] zum Basilikentext. Als den Gesetzestext auslegenden und erklärenden Kommentar kann man allerdings einige Scholien[67] bezeichnen, die von Kalokyros, Nomophylax und Nikaios, Juristen des 9.—11. Jahrhunderts, stammen. Das paßt gut zu der allgemeinen Ansicht, daß die nachjustianischen Juristen das Kommentarverbot[68] Justinians erst allmählich umgangen haben, und es zu dieser Zeit dann keine größere Bedeutung mehr hatte.

Der Titel enthält indessen auch mehrere Scholien mit Kommentarcharakter[69], die aus dem 6.—7. Jahrhundert stammen müssen. Diese

---

[63] Z. B. Schelt. B IV 1236, 21. 1237, 5. 1258, 25. (μὴ ἐναντιωθῇ. ἐνάντιον).

[64] Vgl. Hb VI S. 21 Anm. 7.
L. Schmitt, a. a. O. S. 159. H. 6. Scheltema, TR 30 (1962) S. 356 zählt nur Theophilos, Thalelaios, Stephanos und Julianos auf.

[65] H. J. Scheltema, TR 30 (1962) S. 356.

[66] Vgl. L. Schmitt a. a. O. S. 164.

[67] Schelt. B IV 1228, 1—5. („Αὐθεντία steht hier für Anwesenheit. Diese Lesart ist juristischer“) 1234, 23ff. 1234, 29ff. 1274, 22ff.

[68] Constitutio Deo auctore § 12 u. Tanta § 21. Vgl. Jörs—Kunkel—Wenger, Römisches Recht, Berlin etc. 1949, S. 50. H. Peters, a. a. O. S. 44ff. L. Wenger, Die Quellen des Römischen Rechts. Wien 1953 S. 681 f. F. Pringsheim, Justinians prohibition of commentaries to the Digest, RIDA V (1950) S. 383ff.

[69] Schelt. B IV 1232, 12ff. (Enantiophanes). 1234, 13ff. (Aus dem „rei publicae causa“ ist anzunehmen, daß ein altes Sch. vorliegt.)
1240, 27ff. Dieses Scholion ist ein Beispiel der engen Befangenheit des „Kommentators“ im C. I. (consuetudo).
1242, 13ff. Kommentar über ἀντιδιαστολή = argumentum e contrario (consuetudo). Siehe auch 1242, 7 u. 1246, 10.

bestätigen dagegen die Ansicht von A. Berger[70], daß Justinian nicht jede Kommentierung seines Gesetzgebungswerkes verboten, sondern nur jede weitere Arbeit der Juristen auf sein Werk als Grundlage beschränkt habe.

Daneben sind einige kommentierende Innominatscholien[71] zu finden, die zeitlich nicht sicher einzuordnen waren.

V. Randergebnisse

Schließlich war noch bei der Durchsicht der Scholien zu B. 21, 1 festzustellen, daß Verweisungen ohne Buch- und Titelangabe in der Regel in den vorliegenden Titel bzw. die zugrunde liegenden Corpus Iuris-Titel verwiesen[72]. Hier fanden sich jedoch einige Ausnahmen.

Die bei vielen Verweisungen auftretende umgekehrte Zahlenangabe[74], mit dem Thema beginnend und der Buchangabe endend, konnte nicht als bestimmtes Merkmal bestimmter Verfasser erkannt werden[75].

Die παραπομπαί des entsprechenden Titels des Tipukeitos[76] sind mit den jeweiligen Kap. in Cod. Pa. nicht identisch. Zu dem gleichen Ergebnis kam auch L. Schmitt[77] bei der Durchsicht von B. 12, 1. Das spricht dafür, daß nicht ein einziges offizielles Scholienwerk zu den Basiliken existierte, sondern mehrere[78].

Ein hinter einer Verweisung stehendes „ὅ φησιν·" leitet regelmäßig ein wörtliches Zitat der betreffenden Stelle ein. Doch waren auch hier Ausnahmen festzustellen[79]. Weitere Schlüsse für die Beurteilung der

---

[70] A. Berger, The Emperor Justinians ban upon Commentaries to the Digest, BIDR Suppl. p. b. (1951) 124ff.
A. Berger, Zu Justinian's Verbot der Digestenkommentierung, Labeo 4 (1958) S. 66—74.
Vgl. A. Guarino, Sull' importanza delle compilazioni giuridiche bizantine per l'indagine storico-critica, Scritti Ferrini Pavia. Milano 1946 S. 307ff.
E. Seidl, Die Basilikenscholien im Tipukeitos, BZ 44 (1951) S. 534ff.
E. Seidl, Die Methode der Kommentatoren, Studi Betti IV S. 131ff.
F. Pringsheim, Justinian's prohibition of commentaries to the Digest, RIDA 5 (1950) S. 383ff. G. S. Maridakis, Justinian's Verbot der Gesetzeskommentierung, ZSS (1956) S. 369ff.

[71] Schelt. B IV 1235, 12ff. u. 15f. 1236, 21ff. 1252, 1ff. 1259, 28ff.

[72] Vgl. L. Schmitt a. a. O. S. 158ff. (ungedr. Exemplar).

[73] Schelt. B IV 1245, 10. 1246, 24. 1249, 22.

[74] Z. B. Schelt. B IV 1227, 16. 1244, 20. 1248, 15ff. 1250, 9.

[75] Vgl. H. Müller a. a. O. S. 24.

[76] Siehe Tipukeitos, Bd. 2 ed. Doelger, S. 175—179. Bd. 5 ed Hoermann, Seidl, Index remissionum.

[77] L. Schmitt, TR 24 (1956) S. 158ff.

[78] Vgl. Teil C, S. 18.

[79] Z. B. Schelt. B IV 1275, 29.

Basilikenscholien im Allgemeinen ergaben sich aus diesem Titel nicht. Um hier zu festen Regeln zu kommen, ist die Durchsicht eines viel größeren Teils der Scholien erforderlich.

Erst wenn dieses Ziel erreicht ist, können die Scholien als sichere Grundlage der Erforschung der byzantinischen Rechtsentwicklung dienen; und dazu ist eine systematische Emendierung jedes Titels wie im folgenden notwendig; denn ohne eine solche sind die Scholien als Gegenstand weiterer wissenschaftlicher Arbeit zu unsicher, weil sie sich, einzeln herausgegriffen, zeitlich schwer einordnen lassen, in ihrer sich oft über einen längeren Zeitraum hinstreckenden Entstehung kaum erkennbar sind und in ihren Zitaten zuviele Abweichungen enthalten.

Sicherlich wird die Neuausgabe der Basiliken zu weiteren Arbeiten anregen; denn nur so ist die Grundlage zu schaffen, um die Rekonstruktion des Archetypus der Basiliken zu erreichen und um die einzelnen Basiliken und Scholien enthaltenden Handschriften sicher zu beurteilen.

Doch nun zur Durchsicht der Scholien zu B. 21, 1 im Einzelnen. Da das Hauptgewicht in der Emendierung der 499 παραπομπαί lag, war bei der Bearbeitung eine gewisse stilistische Eintönigkeit nicht zu vermeiden. Viele Scholien boten den Anreiz zu weitaus eingehenderen Untersuchungen; es war jedoch im Rahmen der gestellten Aufgabe nicht möglich, an einzelnen Punkten zu sehr auszuschweifen.

C. DURCHSICHT UND EMENDIERUNG DER SCHOLIEN IM EINZELNEN

1221 Schelt. B IV

B. 21, 1, 1. In Sch. 1 gibt Isidoros eine kurze allgemeine Einführung in das in B. 21, 1 behandelte Zeugenrecht. Das Scholion fällt insofern aus dem üblichen Bas.-Sch. Rahmen heraus, als es weder eine Paralleldefinition oder Antinomie zu dem Gesetzestext B. 21, 1, 1, noch einen Kommentar dazu darstellt, sondern eine knappe Inhaltsangabe zu dem nun folgenden Titel ist.

Sch. 2 bezieht sich auf οἱ μὴ κεκωλυμένοι ὑπὸ νόμου in t. 1 und verweist in Z. 16 f. auf einen gesetzlichen Tatbestand, der die Zeugnisfähigkeit aufhebt: die Herstellung und Verbreitung einer verleumderischen Schrift. Die Verweisung auf B. 60, 21, 5, 6—7—8 weicht in der uns bekannten Themaangabe ab. Hb hat hier unserer Zählweise entsprechend auf die Themata 9 bis 10 verwiesen. Offenbar hatte die vom Verf. benützte Bas.-Handschrift eine andere Zählweise[80] der Themata.

Das Sch. enthält im weiteren einen eigenartigen Gedankensprung.

In Z. 17 ff. sagt der Scholiast, daß die Zeugnisunfähigen nicht die accusatio capitis erheben können und verweist dabei auf B. 60, 34, 4, welches er wörtlich (mit der Variante καταδικασθείς = κατακριθείς) abschreibt. Dieses Kapitel enthält indessen nichts über das Zeugnisrecht, sondern zählt nur eine Reihe von Verbrechen auf, die den Verurteilten unfähig machen, Anklage zu erheben. Es kann also nicht als Beleg des vorangestellten Satzes dienen.

Der Scholiast wollte hier zum Ausdruck bringen, daß die Verurteilung wegen bestimmter Verbrechen dem Verurteilten gleichzeitig die beiden prozessualen Fähigkeiten nimmt, Zeuge zu sein und Anklage zu erheben. Er hat dabei aber versäumt, auf B. 21, 1, 12—16 mitzuverweisen, die gleiche und ähnliche Verbrechen aufzählt, hier mit der Wirkung der Zeugnisunfähigkeit.

(In Sch. 1 zu B. 60, 34, 4 (Hb) ist auf B. 21, 1, 13 verwiesen).

Trotz des mangelnden Beleges versucht der Scholiast hier eine Abstraktion zu bringen: wer zeugnisunfähig ist, kann auch nicht die accusatio capitis erheben (und umgekehrt). Dieser Satz ist in den Basili-

[80] Vgl. L. Schmitt, a. a. O. S. 161.

ken oder dem Corpus Iuris nicht zu finden[81], sondern erst später im Kanonischen Recht, im Kanon 131 (140) der Synode von Karthagena[82] kodifiziert worden. Sch. 3 ist offenbar aus einem anderen Verfasser genommen, steht aber im gleichen Zusammenhang, wie Sch. 2; denn die erste der drei Verw. muß statt B. 60, 34, 94 lauten[83]: B. 60, 34, 4 und ist damit identisch mit der 2. Verw. in Sch. 2, wie auch mit der Verw. in Sch. 4.

Der Verf. des Cod. Paris. 1348 hat demnach seine Scholien aus verschiedenen Scholienwerken zusammengestellt und dabei Scholien mit der gleichen Verw. aus verschiedenen Vorlagen untereinander geschrieben, wobei er wohl die gegeneinander abweichenden Verw. nicht prüfte und so die Identität mit denen des vorangehenden Scholions gar nicht feststellte[84].

Die beiden folgenden Verweisungen in B. 60, 25, 5, 8 und B. 60, 25, 8. 14. 20, können nicht zutreffen. Beide mit Sicherheit zu finden, war nicht möglich, da das Sch. keinerlei Text enthält. Wahrscheinlich ist in einem Fall auf B. 60, 26 Περὶ κατηγόρων ἤτοι παραβατῶν verwiesen, wo in Kap. 2 und 5 ebenfalls eine Klageunfähigkeit festgesetzt wird; denn man muß annehmen, daß beide Verweisungen aus dem Zusammenhang von Sch. 2 zu suchen sind. Zudem kommt eine Verwechslung von κε' zu κϛ'[85] oft vor. Bei der Anderen wird die Auflösung in B. 60, 21, 5, 8 = D. 47, 10, 5, 9 zu suchen sein[86].

Die Verw. in Sch. 4, Z. 30, ist mit den Verweisungen in Z. 18 und Z. 25 identisch. Das deutet in Ergänzung des zu Sch. 3 Gesagten auf die Möglichkeit hin, daß der Verf. des Cod. Paris. 1348 drei Vorlagen benutzte.

1222

Sch. 5 handelt von Personen, die wegen ihres geistlichen Standes nicht als Zeugen auftreten müssen. Die beiden Verw. des Sch. 6 können daher mit Sch. 5 in keinem direkten Zusammenhang stehen, da sie aus dem Nachsatz des Sch. als Beleg für Zeugnisunfähigkeit dienen sollen. Die erste Verweisung in das letzte Thema von B. 60, 21, 5 muß genau lauten: B. 60, 21, 5, 9—11 und ist damit der Verw. in Sch. 2, Z. 16, inhaltlich gleich. Die zweite Verw. in B. 60, 34, 8, 11 kann in der Themaangabe nicht zutreffen, da Kap. 8 gar keine Themata hat. Obschon Kap. 8 nichts vom Zeugnisrecht beinhaltet, sondern nur eine

---

[81] In der Literatur ist hierauf bisher noch nicht eingegangen worden; vgl. M. Kaser, RE Testimonium, Bethmann-Hollweg a. a. O.; Mommsen a. a. O.

[82] Rhalles—Potles, Syntagma der Hl. Kanones, Athen 1852. Vol. 3 S. 600. Vgl. auch Schelt. B. IV 1243, 13ff.

[83] Siehe Schelt. B IV, App. zu Z. 25.

[84] Z. B. auch Schelt. B IV 1229, 16 u. 27. 1239, 10 u. 14. 1240, 11ff. u. 19ff.

[85] L. Schmitt, a. a. O. S. 159f.

[86] Diese Auflösung verdanke ich Herrn Prof. Seidl.

Reihe von Personen aufzählt, die klageunfähig sind, wird der Scholiast hier trotzdem Kap. 8 gemeint haben. Sch. 6 gehört dann in Zusammenhang mit Sch. 2, dessen Hauptgedanke, wie oben gesagt, ist: Wer nicht zeugnisfähig ist, ist auch nicht klagefähig (und, wie hier Sch. 8, umgekehrt).

Die Verweisung in Sch. 7 steht in Zusammenhang mit dem ihr vorangehenden Satz, daß Prälaten, wenn ihre Zeugenaussage unbedingt notwendig ist, laut ius divinum zu Hause vernommen werden sollen.

Die Verweisung weicht in der Kapitelangabe ab. Sie muß statt B. 3, 1, 16 lauten: B. 3. 1, 13, letzter Satz = Nov. 123 c. 7. Diese Stelle beinhaltet das gleiche, wie Sch. 7 oben, nur, daß hier statt ἀρχιερεῖς ἐπίσκοποι steht.

Sch. 8 erläutert wieder die weitgehende Parallele zwischen der Zeugnisunfähigkeit und der Unfähiglkeit, Klage zu erheben, und gibt hier eine größere Aufzählung von Gründen, die diese Unfähigkeit im doppelten Sinne bewirken. Die Verw. in Z. 27 weicht in ihrer Kap.-Angabe ab. Wohl beinhalten B. 60, 34, 8 u. 9 das gleiche, wie Sch. 8 oben, aber die Verw. soll als Beleg des Satzes dienen, daß auch der klageunfähig ist, der weniger als 50 Goldstücke Vermögen hat. Das aber steht in Kap. 10 dieses Titels. Die Verw. ist daher in B. 60, 34, 10 (Hb) zu verbessern.

Die Verw. in Z. 31 ist richtig. Die ihr vorangehenden Zeilen sind fast wörtlich aus B. 60, 34, 11 zitiert.

Die folgende Verw. in Z. 32 über die Anklagebefugnis des libertus gegen den patronus bei Majestätsbeleidigung trifft ebenfalls zu. Hier wäre der Genauigkeit wegen zu ergänzen B. 60, 36, 7 u. 8. Bis hierhin behandelt das Sch. 8 nur den Zusammenhang zwischen Klagefähigkeit und Zeugnisfähigkeit. Der letzte Satz, der besagt, daß im Zivilprozeß für die Zeugenvorführung andere Regeln gelten als im Strafprozeß, liegt außerhalb des vorangehenden Zusammenhangs. Die Verw. in Z. 35 auf B. 21, 1, 46, 6 = Nov. 90, c. 1, 6 weicht ab. Bei Hb folgt in Sch. 8 noch ein weiterer Satz, der im gleichen Zusammenhang, wie der letzte des Sch. 8 bei Schelt. steht und auf Nov. 90, c. 5 verweist. Nov. 90, c. 5 = B. 21, 1, 50 sagt, daß im Strafprozeß der Zeuge vor Gericht anwesend sein muß, während im Zivilprozeß eine auswärtige Zeugenvernehmung möglich ist. Unserer Zählweise nach wäre hier B. 21, 1, 50 ἐν τέλει richtig.

Der Umstand, daß hier Thema 6 angegeben ist, deutet vielleicht darauf hin, daß dem Verf. ein Bas.-Text mit ausführlicher Themaeinteilung vorgelegen hat, wenngleich die entsprechende Nov.-Stelle nur ein langes principium und einen kurzen § 1 enthält.

1223

Die Sch. 9—12 beziehen sich auf B. 21, 1, 1, 2, wo es heißt: „Wenn eine gesetzliche Zeugenhöchstzahl festgelegt ist, sollen die Richter nur soviele Zeugen zulassen, wie zur Wahrheitsfindung notwendig sind, damit nicht die Parteien durch überflüssige Zeugengebühren geschädigt werden." Sch. 9 führt diesen Gedanken mit anderen Worten aus und setzt am Ende B. 21, 1, 1, 2 in Beziehung mit D. 22, 5, 12 (= B. 21, 1, 11): „Bei nicht gesetzlich vorgeschriebener Zeugenzahl genügen zwei Zeugen."

Neben dem Umstand, daß in Sch. 9 nur auf eine Digestenstelle, und dies mit Angabe des Verfassernamens Ulpian, verwiesen wurde, deutet vor allem das ἀμπλισκίμους = amplissimus in Z. 15 darauf hin, daß Sch. 9 aus einem älteren, vor Abfassung der Basiliken entstandenen griechischen Digestenkommentar[87] stammt. Der „Kommentar" zu dem lat. „amplissimus numerus testium" in D. 22, 5, 1, 2 wurde dann später einfach als Scholion zu der entsprechenden Bas.-Stelle 21, 1, 1, 2 mitverwendet.

Sch. 12 zählt Ausnahmefälle auf, in denen ein einziger Zeuge genügt. Die Fälle sind jeweils durch eine Verw. belegt.

Das erste Beispiel wirkt etwas gewaltsam. Der Scholiast schreibt: „Wenn ein Erbpächter dem Verpächter den Pachtzins anbietet und dieser nicht annimmt, dann läßt das Gesetz zum Beweis dieses Vorfalls einen einzelnen Zeugen zu." Dabei wird auf B. 20, 2, 4 = C. 4, 66, 4 verwiesen, wo steht, daß der Erbpächter dann den Praefekten der Stadt oder einen rangentsprechenden Provinzbeamten zum Zeugen des Gläubigerverzuges anrufen kann[88]. Als einziger Zeuge kommt also hier nicht jeder, sondern nur ein hoher Beamter in Frage.

Im zweiten Beispiel gilt ein Urkundsbeamter als einzelner beweiskräftiger Zeuge, wenn einer in einer Urkunde seine eigene Handschrift ableugnet. Der Scholiast bezieht sich hier in der Verweisstelle B. 22, 1, 75 (Z. 31) auf die παραγωγὴ συμβολαιογράφου ἢ μαρτύρων[89], in der der einzelne Urkundsbeamte in seiner Beweiskraft als Zeuge mehreren anderen Zeugen gegenübergestellt ist.

Das dritte Beispiel (Z. 31—33) stimmt nicht. Es heißt darin, daß im Prozeß der von einem Bankier ausgestellten Urkunde als einzigem Beweisstück Glauben geschenkt werden soll; dieser Satz ist mit B. 22, 1, 80 belegt. Zwar sind in B. 22, 1, 80, 5 die Buchungen der Bankiers als prozessuale Beweismittel erwähnt, aber es heißt dort nur, daß für sie das gleiche gilt, was im Vorangehenden über andere Urkunden gesagt ist. Im übrigen Kap. 80 kommen sie nicht vor.

Dagegen heißt es in Sch. 10 zu B. 22, 1, 80: „Siehe, wann auch das Zeugnis eines Einzelnen annehmbar ist." Und zum Beleg dieses Satzes ist dann auf die gleichen Stellen verwiesen, wie im vorliegenden Sch. 12, ausgenommen auf B. 22, 1, 80 selbst.

---

[87] Vgl. H. Peters a. a. O.; J. M. Sontis a. a. O. H. J. Scheltema, TR 30 (1962) S. 357.

[88] Schelt. A III S. 1004 Z. 31ff.

[89] Schelt. A III S. 1056 Z. 20; 1057 Z. 7.

Hier besteht die Wahrscheinlichkeit, daß der Verf. des Sch. 12 nicht in den Gesetzestext von B. 22, 1, 80, sondern in das dazugehörige, schon ältere Sch. 10 verweisen wollte. Eine andere Möglichkeit ist nicht erkennbar, da keine Stelle zu finden war, in der ein Bankier, der ja keine beamtenrechtliche Funktion[90] hatte, oder eine von ihm verfertigte Buchung oder Urkunde alleinigen Zeugniswert hatte. Zudem werden in beiden betreffenden Scholien, Sch. 10 zu B. 22, 1, 80 und dem vorliegenden, auf jeweils die gleichen drei Gesetzesstellen verwiesen.

Im letzten Beispiel, Z. 33 ff. sind die Kapitelangaben der Verw. zunächst unverständlich. In den Kap. 55 u. 65 sind keinerlei zeugenrechtliche Vorschriften zu finden, wohl aber in B. 47, 1, 63 = C. 8, 53, 31, 1 nach der Zählweise Hb's. In BP[91] entspricht hier Kap. 64. Wir haben also einschließlich des vorliegenden Sch. Pa. für diese Stelle eine dreifache voneinander abweichende Überlieferung, die darauf hindeutet, daß eine einheitliche Zählweise dieses Titels früh in Unordnung geraten sein muß. Für die Verw. auf Kap. 55 war dagegen keine Auflösung zu finden[92]. Es handelt sich hier um Schenkungsverträge, bei denen an sich die öffentliche Beurkundung nicht erforderlich ist. Wenn diese trotzdem von einem Urkundsbeamten gefertigt sind, so sind keine Zeugen erforderlich, wenn der Schenker oder ein anderer nach dessen Willen unterschreibt.

Auf diesen anderen, der κατὰ γνώμην des Schenkers unterschreibt, bezieht sich die Verw., entsprechend dem Grundgedanken von Sch. 12.

Aber diese Stelle paßt hier nicht richtig, da B. 47, 1, 63 generell aussagt, daß bei beurkundeten Schenkungsverträgen überhaupt keine Zeugen erforderlich sind, und daß derjenige, der entsprechend dem Willen des Schenkers unterschreibt, nicht als Zeuge anzusehen ist, eben weil in diesem Fall überhaupt keine Zeugen mitwirken müssen.

1224

Auf S. 1224 folgen dann noch 4 Interlinearscholien, deren letztes (Sch. 16) eine Verw. auf B. 21, 1, 12 enthält.

Sch. 16. Das Sch. bezieht sich auf B. 21, 1, 1 pr.: „Die Zeugen müssen vertrauenswürdig sein", und sagt, daß diesem Satz B. 21, 1, 12 nicht entgegensteht, nach welchem die wegen Prozeßschikane Verurteilten zwar nicht ausdrücklich durch Gesetz zeugnisunfähig sind, der betreffende Richter aber die Glaubwürdigkeit ihrer Zeugnisse besonders kritisch betrachten muß.

---

[90] Siehe Oehler, RE Argentarii.

[91] Vgl. Tipukeitos, Vol. 4 S. 258.

[92] Die gleiche Verw. findet sich in diesem Titel noch zweimal: Schelt. B IV, 1249, 11 u. 1253, 8. Die erstere davon ist gleichlautend: Kap. 55 u. 65, die zweite lautet auf Kap. 67, doch ist hier ebenfalls Kap. 63 (Hb) gemeint. Auch diese Stellen brachten keine Lösung der Verw. auf Kap. 55.

B. 21, 1, 2

Sch. 2 bezieht sich auf B. 21, 1, 2, Satz 2. Die erste Verweisung auf B. 60, 41, 27, die den Satz belegt, daß der Zeuge, der seiner eigenen Aussage widerspricht, nach der actio falsi haftet, ist auch nach unserer Zählweise richtig .

Die folgende Verw. in Z. 15 auf Kap. 25 des vorliegenden Titels, ergibt keinen Sinn. Hier muß ein ursprüngliches ι zu einem κ verschrieben worden sein; denn eine richtige Verw. in diesem Zusammenhang wäre die auf Kap. 15. Dieses ist als Strafvorschrift neben B. 21, 1, 2, Satz 2 zu beachten, wenn ein Zeuge seiner eigenen Aussage widerspricht.

Die nächste Verw. in Z. 15—16 auf B. 22, 1, 80 kann sich nur auf das zugrunde liegende B. 21, 1, 2, Satz 1 beziehen.

Auch hier ergibt sich im ganzen Kap. 80 zunächst keine rechte Beziehung. Es ist daher wahrscheinlich, daß — wie die Verw. in S. 1223, Z. 28 auf B. 22, 1, 80 — hier gleichfalls nicht in den Gesetzestext selbst, sondern in das dazugehörige Sch. 5[93] verwiesen ist, das von der Glaubwürdigkeit der Zeugenaussage eines Freundes für oder gegen einen Freund handelt, und das seinerseits wieder auf B. 21, 1, 3 verweist. Das Kap. 80 selbst handelt nur von der Herausgabe einer Urkunde seitens eines Dritten zu Beweiszwecken.

Eine andere Möglichkeit für die hier behandelte Verw. ist nicht zu finden, da sie isoliert, ohne direkt dazu gehörenden Text steht.

Die erste Verw. von Sch. 3 und die des Interlinearsch. 4 auf D. 22, 5, 3, 3 ist richtig. Die folgende Verw. auf D. 22, 4, 30 enthält die häufigere Verschreibung α—λ in der Digestenangabe. Im Sch. 4 ist die gleiche Verw. richtig geschrieben: D. 22, 4, 1. Hier liegt in diesem Titel die erste Doppel- oder Alternativverweisung[94] vor. Im zweiten Teil des Titels findet man diese Verweisungsart häufig. Die Alternativverw. sind daran zu erkennen, daß eine Verw. in eine Stelle des lateinischen Corpus Iuris durch ἤτοι mit der dieser entsprechenden Stellenangabe in den griechischen Basiliken verbunden ist[95]. Bei der hier vorliegenden Verw. entspricht dem D. 22, 4, 1 = B. 22, 1, 30, wodurch die Möglichkeit, in der Digestenangabe α—λ zu verschreiben, noch verstärkt wurde.

Bezogen ist die Verw. nur auf Satz 2 der verwiesenen Stelle: Gleichstellung von Zeugen und Urkunden. Das Sätzchen am Ende von Z. 18 verweist auf Sch. 2 zu B. 22, 1, 30 (Enantiophanes), welches ebenfalls περὶ ἐκμαρτυρίας handelt. Anders kann diese Beifügung in Z. 18 nicht zu verstehen sein. Gleichzeitig ist damit ein sicherer Beweis erbracht,

---

[93] Schelt. B IV. 1388. (Das Sch. 5 ist auf B. 22, 1, 80, 2 bezogen).

[94] Vgl. H. J. Scheltema, TR 30 (1962) S. 357.

[95] Über die Entstehung der Alternativverweisungen vgl. B III.

daß die Sch. Pa. nicht nur in den Gesetzestext, sondern auch in ältere Scholien verweisen[96].

B. 21, 1, 3. Sch. 1. Die Lücke in Z. 21 ist zu ergänzen: B. 60, 1, 10, 4 = D. 48, 16, 1, 4: „facti quidem quaestio in arbitrio est iudicantis“[97]. Für eine Ergänzung der Verweisungslücke in Z. 22, wie auch der gleichen auf S. 1226, Z. 22, ergab sich kein Anhaltspunkt. Auch bei Hb II, 387 Sch. 1) ist hier eine Lücke.

Die Verw. in Z. 23 auf den 25. Kanon der 6. Synode, daß zum Beweis der Freilassung 3 Zeugen genügen, muß lauten: Kanon 85 der 6. Synode[98]. Das umfangreiche Sch. 2 ist eine freie Übersetzung von D. 22, 5, 3 pr.—4.

1226

Sch. 5 enthält wiederum die Verw. in B. 22, 1, 80, die schon in Sch. 12 zu B. 21, 1, 1 und in Sch. 2 zu B. 21. 1, 2 begegnet ist, und wobei jeweils nicht in die Stelle selbst, sondern in ein dazugehöriges Sch. verwiesen war.

Während nun bei diesen beiden Verw. aus dem Text des Sch. nicht hervorging, ob in den Gesetzestext selbst oder in dazugehörige Scholien verwiesen sein sollte, wird hier durch das der Verw. hinzugefügte διά angezeigt, daß auf ein B. 22, 1, 80 zugehöriges Sch. verwiesen ist. Es handelt sich um Sch. 5[99], das ebenso, wie das hier zugrunde liegende Sch. über das Zeugnis eines Freundes handelt.

Die folgende Verw. in Sch. 5, Z. 8—9, auf B. 2, 2, 223 stimmt in der Kapitelangabe unserer Zählung nicht. Gemeint ist: B. 2, 2, 215 = D. 50,16, 223[100]. Diese Stelle ist fast gleichlautend mit dem ersten Satz des vorliegenden Sch. 5. Die Verw. in Sch. 6 weicht in der Caputangabe ab. Sie muß lauten: Nov. 90, 7[101]. Das Sch. gibt verkürzt den Inhalt dieser Novellenstelle wieder.

Sch. 7. Außer dem Wortlaut der Verw. ist der erste Satz von Sch. 7 dem von Sch. 6 völlig gleich. Auch hier soll im Zusammenhang mit der Zeugenaussage eines persönlichen Feindes auf Nov. 90, 7 verwiesen sein.

Der folgende Satz in Z. 14 lautet: „Beachte auch die (Digesten-) Stelle über die Beweismittel.“ In der „consuetudo“ ist diese Bezeichnung eines Buches nicht enthalten. Aus dem nachfolgenden Satz in Sch. 7

---

[96] Vgl. B II.

[97] Vgl. S. 1226, Sch. 10. Siehe auch D. 50, 1, 15 pr.

[98] Rhalles Potles, Syntagma der hl. Kanones, Athen 1852. Vol. 2 S. 499. Vgl. 1226, 23.

[99] Schelt. B. IV S. 1388 (das gleiche, wie in der Verw. in Sch. 2 zu B. 21, 1, 2).

[100] Vgl. B III.

[101] Bei Hb. II, S. 389 richtig. Hier ist das Sch. um einen Satz umfangreicher, als bei Schelt.

ergibt sich, daß hier D. 22, 5, 21, 3 gemeint ist und darin der Satz: „... quod inimicitiae aut gratiae suspicione caret ..." In der Übersicht zur „consuetudo"[102] sind nur die Bezeichnungen von Büchern enthalten, die von Titeln nicht. Das vorliegende Sch. 7[103] läßt aber den Schluß zu, daß auch einzelne Titel oder Titelgruppen eigene Bezeichnungen erhielten, wie hier: περὶ τῶν τεκμηρίων = de argumentis. Diese Bezeichnung mag sich auf Titel 5 alleine, wahrscheinlicher noch auf die Titel 3—5 des 22. Digestenbuches bezogen haben. Eine Ergänzung der Übersicht zur „consuetudo" wäre indessen nur zulässig, wenn sich noch mehrere solche Zitierweisen finden.

Die Verw. in Z. 15 auf C. 4, 19, 21 wie auch die von Scheltema hinzugefügte Verbesserung (22) können in diesem Zusammenhang τὸ τῆς ἔχθρας nicht zutreffen. Hier ist C. 4, 20, 17 pr. gemeint, wonach inimicitia einen Zeugnishinderungsgrund darstellt.

Sch. 8. Die Verw. in Sch. 8 auf B. 21, 1, 42, 8 muß lauten: B. 21, 1, 52 letzter Satz = Nov. 90 c. 7. Der letzte Satz von Sch. 8 gibt diese Stelle verkürzt wieder.

Hb. hat hier zwei Verw. gesehen: in Kap. 7 und Kap. 58. Die erste davon ist, wenn man sie auf Nov. 90 bezieht, richtig. Dies kann darauf hindeuten, daß hier ein altes Sch. mit Corpus-Iuris-Verw. vorliegt, dem später alternativ die entsprechende Bas.-Verw. zugefügt wurde. Bei Hb. sind Sch. 7 u. 8 zu einem Anonymos-Sch. zusammengefaßt.

Sch. 9 enthält ebenfalls eine Alternativverw., deren Basilikenangabe B. 60, 34, 10 stimmt. Die von Scheltema offengelassene Digestenangabe muß lauten: D. 48, 2, 10.

Das Sch. bezieht sich auf ἐνδεής in B. 21, 1, 3 pr. und übernimmt die in den Verw.-Stellen enthaltene Definition von paupertas. Es fällt auf, daß diese Definition aus dem Titel über die Klagebefugnis entnommen ist. Schon in den Sch. zu B. 21, 1, 1 (oben) war eine weitgehende Parallele zwischen Klagefähigkeit und Zeugnisfähigkeit festgestellt worden[104].

Sch. 10 ist mit Sch. 1 fast identisch und ebenfalls dem Sch. 15 sehr ähnlich. Die Verw. in Z. 21 weicht in der Themaangabe ab. Sie muß lauten: D. 48, 16, 1, 4: „facti quidem quaestio in arbitrio est iudicantis."

Für die Lücke in Z. 22 war keine Ergänzung zu finden[105]. Die Verw. in Z. 23 f. muß lauten: 85 Kanon der 6. Synode[106].

Die Verw. in Sch. 12 Z. 28 auf B. 60, 50, 10, vorletztes Thema muß lauten: B. 60, 50, 9, 5 (Hb). Diese Verw. ist im Sch. wörtlich zitiert. Die Verwechslung von Kap. 9 zu 10 ist so zu erklären, daß B. 60, 50, 9 die Dig.-Stelle D. 48, 18, 10 zugrunde liegt. Das legt die Vermutung nahe,

---

[102] Schelt. B II S. IX.

[103] Das Sch. stammt von Anonymos (6.—7. Jh.). Vgl. B III.

[104] Vgl. auch S. 1243, 14f. und Kanon 131 (140) der Synode von Karthagena.

[105] Vgl. S. 1224, 22.

[106] Vgl. S. 1224, 23.

daß es sich hier um ein älteres Sch. aus einem Dig.-Kommentar handelt, das auf Bas.-Verw. umgeschrieben wurde[107].

Darauf deutet auch die folgende Verw. auf B. 57, 1, 5, 7 hin. Diese muß nach der Zählung von Hb. lauten: B. 57, 1, 13, Satz 2, welcher D. 49, 16, 5, 6 zugrunde liegt. Die Verw. ist im Sch. ebenfalls wörtlich zitiert. Im Gesetzestext wie im Sch. steht bei Hb.: δείξῃ, statt δείξει bei Schelt. Z. 31.

Die Vermutung, daß es sich hier um ein auf Bas.-Verw. umgeschriebenes Dig.-Sch. handelt, wird durch den Umstand, daß in beiden Verw. die falschen Kap.-Angaben in der entsprechenden Dig.-Stelle richtig wären, verstärkt. Ebenso spricht dafür, daß das Sch. zu B. 60, 50, 9, 5 auf B. 21, 1, 3, 1 et ibi antiquam adnotationem, eben das vorliegende Sch. verweist.

1227

Sch. 14 ist eine Anleitung der Richter für die persönliche Beurteilung eines Zeugen. Die Verweisung in Z. 16 ist die gleiche, wie diejenige in Z. 28 auf S. 1226 und weicht ebenso in der Kap.-Angabe ab, obwohl hier die Reihenfolge der Zählweise umgekehrt ist. Gemeint ist ebenfalls: B. 60, 50, 9, 5 (Hb.). Diese Stelle ist wiederum voll zitiert.

Das gleiche, was bezüglich des Alters vom Sch. 12 gesagt ist, gilt auch für Sch. 14.

Sch. 15. Die Verw. in Z. 28, hier ohne Themaangabe, ist die gleiche, wie die jeweils erste in Sch. 1 u. 10. Thema 4 ist zu ergänzen.

In folgendem Satz in Z. 29 ist auf die zu dieser Stelle gehörigen Sch. verwiesen. Hier käme nur Sch. 16 Hb zu B. 60, 1, 10, 4 in Betracht[108]; dieses stammt jedoch von Hagiotheodorita[109], einem Juristen des 11. Jahrhunderts, kann also kein Digestenkommentar sein. Diese Verw. in die Sch. zu D. 48, 16, 1, 4 muß daher ungelöst bleiben.

Die folgende Alternativverw. in Z. 30 auf D. 50, 1, 15 über die quaestio facti stimmt. Zu ergänzen ist: pr. Alternativ ist hier in den Bas.-Titel B. 54, 1 verwiesen. Eine entsprechende Übertragung dieser Dig.-Stelle in die Bas. (Hb) existiert aber nicht. Der rekonstruierte Titel B. 54, 1 enthält bei Hb nur einige leges[110] von D. 50, 1, worunter sich D. 50, 1, 15 nicht befindet. Diese Alternativverw. kann also für eine Rekonstruktion des Archetypus der Bas. von besonderem Wert sein, wenngleich hier auf Grund des fehlenden Kap. Vorsicht geboten ist; denn der Verdacht liegt nahe, daß eine späterer Schreiber hier ohne Kontrolle, ob die Stelle auch wirklich in die Bas. übernommen wurde, den entsprechenden Bas.-Titel hinzufügte. Die wichtigste Frage, die aus

---

[107] Siehe B III.

[108] Hb V S. 236, 16).

[109] Vgl. B III.

[110] Desgleichen Tipukeitos V S. 72.

der Durchsicht von B. 21, 1 nicht zu lösen ist, bleibt, ob gleich bei Abfassung der Bas. einzelne leges des C. I. ausgelassen wurden oder erst später[111]. Die Verw. in Z. 31 auf D. 48, 18, 10 stimmt. Hier ist zu ergänzen: Thema 5.

Wenn auch der dieser Verw. hinzugefügte Satz zunächst daran zweifeln läßt, ob die Verw. richtig ist, so steht sie doch in einem direkten engeren Zusammenhang mit der zugrunde liegenden Stelle B. 21, 1, 3.

1228

Sch. 19 ist insofern merkwürdig, als die Verw. nicht ganz mit dem Inhalt zusammenpaßt. Denn Sch. 19 gibt verkürzt einen Teil des Gedankens von B. 21, 1, 3, 2 wieder. Es wirkt in der Kürze etwas sprunghaft, wenn der Scholiast sagt: „Lies B. 60, 50, 10, 9, daß der Ruf eines Zeugen glaubwürdig ist; das genügt, und (der Richter) kann ohne Urkunden das Urteil fällen."

Zwar steht in B. 21, 1, 3, 2, daß in den meisten Fällen ohne öffentliche Urkunden die Wahrheit gefunden werden muß, und daß dies unter anderem durch den guten Leumund eines Zeugen geschehen kann. Aber der Gedanke von Sch. 19 läßt sich schlecht durch eine Verw. belegen. Bei dieser kann es sich nur um die gleiche, wie in Sch. 12 und 14 handeln, nämlich um B. 60, 50, 9, 5 (Hb). Bei Hb[112] sind Sch. 18 und 19 zu einem Kalokyros-Sch. zusammengefaßt.

Sch. 20 bezieht sich auf B. 21, 1, 3, 3. Die Alternativverw. in Z. 8—9 auf D. 22, 4, 1 = B. 22, 1, 30, daß Zeugenaussagen Beweismittel sind, stimmt.

Die folgende Alternativverw. in Z. 10 auf Nov. 90 oder B. 21, 1, 46 am Ende ist auf Grund des unklaren beigefügten Textes schwer verständlich. Unter Bezugnahme auf B. 21, 1, 33 und den vorangehenden Satz muß man diesen Satz so interpretieren: „Nov. 90 und Kap. 46 lehren, wie man es machen muß, um (eine Zeugenaussage als Wahrheitsbeweis) zuzulassen." Und die Antwort darauf aus (zu ergänzen) Nov. 90 c. 1, 1 = B. 21, 1, 46 lautet sinngemäß: „Im Zweifel, bei nicht anerkannt ehrenwerten Leuten, durch Folter." Enantiophanes scheint ein feinfühliger Mensch gewesen zu sein, der das Wort „Folter" nicht gebrauchen wollte und dies lieber durch Verw. und einen uns heute schwer verständlichen Satz umschrieb.

Die beiden Bas.-Alternativen müssen später in das Sch. hineingekommen oder umgerechnet worden sein, da Enantiophanes[113] vor Abfassung des Bas. lebte.

---

[111] Siehe B. III u. das zu 1228, 16 Gesagte.

[112] Hb II, S. 389, 13).

[113] Siehe B III.

Ab Z. 11 folgt eine größere Aufzählung von Verw., die sich alle auf ἐκμαρτύρια = testimonia beziehen.

Die genaue Bestimmung dieser Verw. ist schwierig, da sie mit keinerlei erläuterndem Text versehen sind.

Die erste Verw. in Z. 12 ist von Scheltema auf D. 32, 39, 2 verbessert worden. Es ist zunächst unverständlich, wie Enantiophanes zur Erklärung des testimonium in D. 32 (De legatis et fideicommissis) verwies; denn dort kommt der Begriff testimonium nirgends vor, sondern nur das testamentum und der codicillus. Man kann die Verw. nur so erklären, daß hier die enge Parallele der Beweiskraft eines schriftlich fixierten Zeugnisses und eines Testamentes oder codicillus dargelegt werden sollte. Danach kann hier auf D. 32, 39, aber nicht Thema 2, sondern pr., oder auch, entsprechend der Handschrift, auf D. 32, 37, 2 verwiesen sein.

Die folgende, später hinzugefügte Alternativverw. auf B. 44, 3 ist richtig, doch gibt auch sie keinen Anhaltspunkt, welche Digestenstelle genau gemeint ist, da sie nur Buch- und Titelangabe hat. Eine Ergänzung dieser Stelle ist ebenfalls nicht möglich.

Ähnliche Schwierigkeiten bereitet die folgende Alternativverw. in Z. 12—13 auf D. 38, 3, 14 = B. 49, 4. D. 38, 3 hat nur eine einzige lex, die in keinerlei Zusammenhang mit „testimonium" steht. Dagegen wird in D. 38, 2, 14, 5 das testimonium in caput der accusatio capitis gegenübergestellt. Aus dem Charakter des Sch., das wie bei den vorhergehenden Verw. nur eine lose Aufzählung von Stellen geben will, in denen etwas über das testimonium zu finden ist, kann man schließen, daß hier diese Stelle gemeint ist. Auch die Alternativverw. auf B. 49, 4 stimmt, da dieser Titel D. 38, 2 und 3 zusammenfaßt. Zu ergänzen ist: B. 49, 4, 11, 5 (Hb).

Die folgende Verw. in Z. 13 auf D. 3, 2, 21 ist richtig, ebenfalls die Alternativverw. auf B. 21, 2. Die Stelle behandelt das vom Richter mißbilligte testimonium, inwieweit es analog zum falsum testimonium zur Infamie führe.

Die Verw. in Z. 14 auf D. 38, 4, 14 trifft nicht zu. In diesem Titel kommt nur lex 7[114] in Betracht, wo es heißt, daß die adsignatio liberti durch testatio erfolgen kann. Sonst enthält der Titel nichts, was im Zusammenhang mit testimonium steht.

Nicht außer acht zu lassen ist allerdings die Möglichkeit, daß hier die gleiche Verw., wie oben in Z. 12—13 auf D. 38, 3, 14 (verbessert: D. 38, 2, 14, 5) gemeint ist; denn es ist nicht ausgeschlossen, daß bei späteren Bearbeitungen des Sch. die gleiche Verw. zweimal hineingeriet und jeweils falsch wieder abgeschrieben wurde. Ebenfalls ist möglich, daß mit der Verw. auf D. 38, 3, 14 D. 38, 4, 7 gemeint sein soll. Das ist

---

[114] So auch Hb II S. 390.

aber mangels beigefügten Textes nicht nachprüfbar. Auch die später zugefügten Basilikenalternativen, die nur den entsprechenden Titel angeben, können hier nicht als Hinweis herangezogen werden.

Unter der Voraussetzung, daß bei der vorliegenden Verw. D. 38,4,7 gemeint ist, ist die Alternativverw. auf B. 49, 5 richtig. Hier ist Kap. 6 (Hb) zu ergänzen, in welcher testatio mit ἐκσφράγισμα (= versiegelte Urkunde) übersetzt ist.

Die nächste Verw. in Z. 14—15 auf C. 8, 7, 27 muß verschrieben sein, da dieser Titel nur aus einem einzigen Satz besteht.

Bei Hb ist hier auf C. 4, 20, 4 verwiesen, wo ebenfalls die „testatio" und in der Bas.-Übertragung (B. 21, 1, 28) das ἐκσφράγισμα behandelt ist. Dieser enge Zusammenhang mit der vorhergehenden Verw. zwingt dazu, hier Hb zu folgen, der diese Verw. allerdings falscherweise mit der folgenden in Zusammenhang bringt. Bei dieser in Z. 15 hat Schelt. διατ. β' gelesen, während Hb schon in διγ. β' verbesserte, denn der im Sch. folgende Satz deckt sich mit D. 22, 5, 2 = B. 21, 1, 2 zweiter Satz: Wer seiner eigenen Aussage widerspricht, der soll als Zeuge nicht gehört werden.

In Z. 16 ist auf B. 21, 1, 26 verwiesen. Dieses Kap. ist im Bas.-Text[115] nicht enthalten. Im App. ist nur vermerkt, daß Fabrot hier zu Unrecht das Sch. 3 zu C. 4, 20, 2 auf S. 1248 als Kap. 26 einsetzte.

Schelt. zählt dann aber wie Hb weiter[116], läßt also zwischen Kap. 25 und 27 eine Zahllücke. Wenngleich der Wortlaut von Kap. 26 ungewiß ist, so ist doch anzunehmen, daß er in etwa C. 4, 20, 2 entsprach, zumal die Verw. hier passen würde. Diese Verw. gibt uns somit die Möglichkeit, nachzuweisen, daß hier ein Kap. im ursprünglichen Bas.-Text enthalten war, welches später irgendwann einmal weggelassen wurde[117].

Der letzte Satz von Sch. 20 stammt auch nicht von Enantiophanes, sondern von einem späteren Basilikenscholiasten, und zu dieser Zeit muß ein Kap. 26 noch existiert haben. Schelt.[118] hat die entsprechenden Sch. auf C. 4, 20, 2 bezogen.

Im Gegensatz zur vorangehenden Verw. (Z. 15), die bei Schelt. fälschlich auf die gleiche Stelle verweist, muß man hier diese Verw. als richtig ansehen. Die Stelle beinhaltet, daß zum Beweis der freien Geburt Zeugen allein nicht genügen, sondern daß andere Beweismittel erforderlich sind.

In diesem Zusammenhang muß man auch die folgende Verw. (Z. 17) auf B. 22, 1, 30 als richtig ansehen, obschon diese Stelle zu der vorher-

---

[115] Schelt. A III S. 1018.

[116] Vgl. Tip. II, 175f. Hier fehlen viele Kap., darunter auch Kap. 26, die Zählweise Hb's wird jedoch bis dahin bestätigt.

[117] Vgl. B III und das zu 1227, 30 Gesagte.

[118] Schelt. B IV, S. 1247—1248.

gehenden in einem gewissen Widerspruch steht, indem sie sagt, daß als Beweismittel sowohl schriftliche Zeugnisse wie Zeugen selbst anzusehen seien.

Daß diese beiden letzten Verw. richtig sind, ergibt sich weiter aus der letzten Verw. von Sch. 20 auf das Sch. aus Enantiophanes zu B. 22, 1, 30[119]. In diesem Sch. geht Enantiophanes auf den gerade erwähnten Widerspruch der Beweiskraftbewertung von Zeugen gegenüber anderen Beweismitteln ein und stellt B. 22, 1, 30 als Widerspruch D. 22, 5, 3, 3[120] = B. 21, 1, 3, 3, den Sch. 20 zugrunde liegenden Bas.-Text gegenüber.

Es wirkt zunächst merkwürdig, daß hier Enantiophanes in seinem Sch. auf ein „eigenes" anderes Sch., das weiter hinten folgt, verweist. Aber wie schon oben gesagt, kann dieser letzte Satz von Sch. 20 nicht von Enantiophanes stammen, da er Verw. in die Bas. enthält, während Enantiophanes lange vor deren Abfassung lebte.

Sch. 24 bezieht sich auf B. 21, 1, 3, 4 Satz 2. Die erste Verw. in Z. 26 auf D. 29, lex 5 ohne Titelangabe über nicht am Gerichtsort ansässige Zeugen kann in Buch 29 nicht enthalten sein. Hier käme allenfalls D. 22, 5, 3, 6 in Betracht. Bei Hb fehlt diese Verw. Die folgenden Verw. auf C. 4, 20, 11 und Const. 11 und 16 am Ende sind richtig. Alle Stellen behandelten wie B. 21, 1, 3, 4 die Aufwandsentschädigung der Zeugen.

Im gleichen Zusammenhang stehend, ist auch die Verw. in Z. 27 auf C. 7, 62, 6 richtig. Hier ist zu ergänzen: § 2. Die letzte Verw. von Sch. 20 auf Nov. 90 bezieht sich nicht auf die Aufwandsentschädigung der Zeugen, sondern auf die nicht am Gerichtsort ansässigen Zeugen und deren Vernehmung im Wege der Amtshilfe. Zu ergänzen ist hier: c.5.

Sch. 25 bezieht sich wiederum auf die Aufwandsentschädigung der Zeugen in B. 21, 1, 3, 4. Die erste Verw. ist identisch mit der zweiten in Sch. 24, die zweite mit der vorletzten in Sch. 24.

Sch. 26 erläutert nur die Anfangsworte von B. 21. 1, 3, 5 περὶ βίας. Die beiden Verw. sind richtig. Die Erste auf B. 60, 18, 10, zu ergänzen: Thema 2, ist die Strafvorschrift für vis publica. Die Zweite auf B. 60, 18, 12, die vi privata, ist im Sch. wörtlich wiedergegeben.

1229

Sch. 27 bezieht sich auf den ἀπελεύθερος in B. 21, 1, 3, 5, Z. 11 des Bas.-Textes. Davon ausgehend, daß dieser nicht gegen seinen Patronus aussagen darf, zählt der Scholiast eine Reihe von Beispielen der Zeugnisverhinderung oder Zeugnisunfähigkeit auf. Alle diese Beispiele sind im Bas.-Text von B. 21,1 enthalten und hier nur anders zusammengefaßt.

Die Zitierung des lex Julia de vi (D. 48, 6 und 7) in Z. 1 ist nicht als eigentliche Verweisung, damit der Leser diese nachschlage, sondern vielmehr als eine Quellenangabe des Scholiasten anzusehen. Die einzige

---

[119] Schelt. B IV, S. 1354, Sch. 2. Hb II S. 481—482, Sch. 2).

[120] Bei Schelt. D. 22, 5, 3, 5, muß Thema 3 lauten.

Verw. des Sch. am Ende auf D. 22, 5. 21, zu ergänzen: § 2 ist richtig: Die Zeugenaussage von Personen sozial niederer Schichten ist nur bei Anwendung der Folter glaubwürdig.

Das ὑποκατιών in Z. 16 beweist, daß das Sch. aus einem älteren Digestenkommentar stammt. Weiter fällt auf, daß hier der Verf. von lex 21, Arkadius, genannt ist. Die Angabe des Verfassers einer Gesetzesstelle ist in den Scholien sehr selten.

Sch. 29 ist eine Erläuterung zu „ἀποκαταστάς" = in integrum restitutus in B. 21, 1, 3, 5, Z. 17 des Bas.-Textes.

Die Verw. auf B. 60, 68 = D. 48, 23, „der alles über die ἀποκατάστασις enthalte", ist richtig. Die besondere Verw. auf Kap. 11 dieses Titels kann nur durch die dort behandelte Generalamnestie erklärt werden. Sonst ist kein Grund ersichtlich, weshalb der Scholiast gerade diese Vorschrift, oder, sofern hier ein Schreibfehler vorliegt, eine andere dieses Titels besonders hervorhebt.

Auch die Verw. in Z. 19 auf B. 10, 35, 9 = D. 4, 6, 9 ist richtig. Der Titel behandelt die nach 25 Jahren eintretende Verjährung bzw. in integrum restitutio. Kap. 9 sagt, daß diese auch für den Strafgefangenen gilt, und paßt daher genau zu B. 21, 1, 3, 5.

Sch. 30 gehört zu „ὁ ἐν δεσμοῖς ἢ δημοσίᾳ φρουρᾷ βληθείς" in Z. 12 bis 13 des Bas.-Textes. Aus dem Wortlaut des Sch. sollte man zunächst meinen, daß die beiden Verw. „ἀτιμία" in Z. 21 erläutern. Sie beziehen sich aber ausschließlich auf den „ἀποκλεισθείς" in Z. 30. Die Verw. auf B. 2, 2, 48 lautet nach unserer Zählweise B. 2, 2, 45 = D. 50, 16, 48. Diejenige auf Kap. 206 des gleichen Titels muß in B. 2, 2, 208 = D. 50, 16, 216 verbessert werden. Bei der ersten Verw. ist die falsche Kap.-Angabe 48 als Dig.-Angabe richtig. Bei der zweiten steht bei Hb[121] 216, bei Schelt. 206. 216 wäre ebenfalls als Dig.-Angabe richtig. Wahrscheinlich stammt demnach Sch. 30 aus einem alten Digestenkommentar oder einem der Digestenzählung folgenden älteren Basilikenkommentar und ist später abgeschrieben worden, ohne daß die Zahlenverschiebung kontrolliert wurde.

Sch. 32, wie auch die Stelle, auf die es verweist, widersprechen an sich der dem Sch. zugrunde liegenden Bas.-Stelle in Kap. 5, daß derjenige, der sich selbst zum Tierkampf in der Arena vermietet, nicht Zeuge sein soll. Die Antwort auf diesen Widerspruch findet man in der verwiesenen Stelle selbst: daß, wenn man gezwungen ist, einen solchen als Zeugen zu nehmen, ihm nur bei Anwendung der Folter geglaubt werden soll. Die Verw. weicht im Thema ab. Sie muß heißen: D. 22, 5, 21, 2. Die alternative Bas.-Verw. ist richtig.

Sch. 33 bezieht sich auf den Satz, daß Huren nicht Zeugen sein sollen, im Bas.-Text Z. 13—14. Enantiophanes schreibt dazu, daß „heute"

---

[121] Hb II, S. 390, Sch. 23.)

Frauen überhaupt nicht Zeugen sein sollen, außer in Dingen, die die Schwangerschaft betreffen. Der dann in Z. 29 folgende Satz sagt in etwa das gleiche, nur auf umgekehrte Art, so daß das Sch. hier zunächst widersprüchlich wirkt: daß Frauen nicht in allen Dingen Zeugen sein sollen, sondern nur in den Dingen, in denen man keinen Mann hinzuziehen kann, wie Schwangerschaft etc. So, wie sich diese beiden Sätze gegenüberstehen, muß man annehmen, daß der letztere später von einem anderen Verfasser hinzugefügt worden ist. Das gilt auch für die Verw., die nach unserer Zählweise statt B. 35, 1, 20 lauten müßte: B. 35, 1, 21, 6. Die Verw. entspricht aber der Dig.-Zählung wie auch der Zählweise der BP[122]. Da Buch 35 rekonstruiert ist, ist diese Verw., wie auch einige im weiteren Teil des Titels folgende Verw.[123] auf B. 35,1, die nach der Dig.-Zählung richtig sind, ein Anhaltspunkt für eine erneute Rekonstruktion von B. 35, 1. In B. 35, 1, 21, 6 (Hb) heißt es: „Die Frau kann nicht beim Testament, sondern nur im Rechtsstreit Zeuge sein, wenn sie nicht wegen Ehebruchs verurteilt ist."

Sch. 34 gibt fast genau die verwiesene Stelle wieder. Die Verw. ist in der lex.-Ziffer richtig verbessert. Die Titel-Ziffer muß, wie bei Hb richtig, ebenfalls in 10 verbessert werden. Außerdem ist bei der mehrere Seiten langen Dig. 38, 10, 10 zu verstehen: pr.

1230

Sch. 35 sagt, daß der nach der lex Julia repetundarum (C. 9, 27) Verurteilte nicht öffentlich Zeuge sein darf. Die Strafe nach dieser lex ist neben der Todesstrafe häufig die Deportation, und darauf ist die letzte Verw. am Ende des Sch. bezogen. Die erste Verw. gehört, obwohl sie im Zusammenhang des zweiten Satzes steht, zum ersten Satz des Sch., der die Verw. fast wörtlich wiedergibt. Statt B. 60, 43, 5, 2 muß es nach unserer Zählweise heißen: B. 60, 43, 6, 1 = D. 48, 11, 6, 1. Die zweite Verw. auf B. 60, 43, 7, 3 ist richtig. Der letzte Satz des Sch. gibt diese Stelle fast wörtlich wieder.

In Sch. 37 begegnet uns wieder die enge Parallele zwischen Zeugnis- und Prozeßfähigkeit. Die Verw. auf B. 60, 34, 8. 9. 10 ist richtig. Das Sch. gibt diese Stellen vom zweiten Satz von Kap. 8 an wörtlich wieder, so daß der Leser meint, die ganze Stelle sei eine Aufzählung von Zeugnisunfähigen. Der Scholiast hat aber den ersten Satz von Kap. 8 weggelassen, der sagt, daß außer denen, die (wie im Folgenden) verhindert sind, alle übrigen öffentlich Klage erheben können. Ebenso handelt der ganze Titel von der Erhebung der Strafklage. Müßte man nicht davon ausgehen, daß die Zeugnisfähigkeit an dieselben Voraussetzungen gebunden ist, wie die Klagefähigkeit (siehe oben 1221), so müßte man hier dem Scholiasten eine bewußte Irreführung unterstellen.

---

[122] Vgl. Tipukeitos III S. 183.

[123] Schelt. B IV, 1235, 9. 1239, 22 u. 24. 1240, 12ff. u. 19.

Die Sch. 38—39 gehören zu B. 21, 1, 3, 6 und führen den Gedanken, daß man Zeugen nicht voreilig von weit herkommen lassen soll, breiter aus.

Sch. 39 enthält zwei uneigentliche Verw. auf die breitere Textfassung in den Dig. Die erste davon ist in Z. 17—20 wiedergegeben: „Es sei nicht nötig, daß man Zeugen in andere entfernte Orte schicke; das gelte vor allem von Soldaten, die man nicht von ihren Einheiten entfernen solle. Dies setzte der göttliche Hadrian fest." Es handelt sich hier, wie auch bei der zitierten Vorschrift der divi fratres, um D. 22, 5, 3, 6. Sch. 40 bezieht sich auf das „Πολλῷ δὲ ἧττον" im letzten Satz von B. 21, 1, 3, 6 und grenzt die Begriffe „noch weniger" und „überhaupt nicht" durch Verw. voneinander ab. Die erste Verw. weicht in der Kap.-Angabe ab. Sie muß lauten B. 2, 2, 79 (Schelt.) = D. 50, 16, 82, Satz 2.

Die zweite Verw. ist falsch. Die Stelle B. 18, 8, 8, 8 existiert nicht und in dem ganzen Titel ist keine Definition von ἧττον zu finden. Man muß die Verw. in B. 2, 2, 30 = D. 50, 16, 32 verbessern. Diese Stelle paßt hier genau, da sie, wie das Sch. ἧττον und μηδὲ ὅλως gegenübersetzt.

Sch. 41. Das fragmentarische Rand-Sch. 41 bietet keine Anhaltspunkte zur Ergänzung, weder was den Text noch was die Verw. anbelangt.

1231

Das Rand-Sch. 44 bezieht sich auf diejenigen in B. 21, 1, 3, 5 (unten), die bestraft wurden, weil sie für die Ablegung oder Nichtablegung eines Zeugnisses Geld nahmen. Das Sch. sagt, daß ein solcher der lex Julia repentendarum unterliegt. Die Verw. ist daher mit der ersten von Sch. 35 identisch und auf B. 60, 43, 6, 1 zu verbessern.

Sch. 46 gehört als Interlinearsch. seinem Inhalt und seiner Verw. nach zu ἰδιώτης in B. 21, 1, 3 pr. Die Verw. muß statt Kap. 21, 3 lauten: B. 21, 1, 20, 3. Diese Stelle behandelt, wie B. 21, 1, 3, pr., den sozialen Stand der Zeugen. Die falsche Verw. auf Kap. 21, 3 ist als Verw. auf die entsprechende Digestenstelle richtig. Dies und das ausgeschriebene ἐν τῷ διγέστῳ in Z. 6 lassen darauf schließen, daß das Sch. aus einem älteren Digestenkommentar stammt. Das πλέβιος ἢ παγανός in Z. 5 ist ein Beispiel für gleichen sozialen Stand.

1231

B. 21, 1, 4. Sch. 1 zu B. 21, 1, 4 behandelt ausführlich Personen verschiedener Verwandtschaftsgrade und deren Zeugenstellung im Strafprozeß. Die Verw. in Z. 15—16 weicht in der Titelangabe ab. Der Titel „de gradibus cognationis" ist Inst. 3, 6. Der sobrinus, das Geschwisterkind, auf den diese Verw. hinweist, wird in Inst. 3, 6, 6 als Verwandter 6. Grades definiert.

1232

Sch. 2 sagt, daß diejenigen, die nicht zur Aussage gezwungen werden dürfen, auch nicht gefoltert werden dürfen. Die Verw. hierzu auf B. 60,

50, 1, 5 u. 7 kann man nicht direkt als falsch ansehen, doch würde eine Verw. auf B. 60, 50, 1 Themata 8. 9. 10 weitaus besser passen, weil hier genau das gleiche steht, wie im Sch. Bei Hb ist hier ebenfalls auf Thema 9 verwiesen.

Die andere Verw. auf B. 60, 50, 28 ist richtig. Ihr liegt der Gedanke zugrunde, daß der Sklave, der gegen den Willen des Herrn nicht zu dessen Ungunsten verhört werden darf, auch nicht gefoltert werden darf.

Sch. 3 sagt im ersten Satz, daß die Bestimmung von B. 21, 1, 4 in ungenauer Form auch in B. 45, 3, 10 enthalten sei. Diese Verw. muß nach unserer Zählweise in Kap. 7 verbessert werden. Auch hier liegt wieder der häufige Fall vor, daß die falsche Bas.-Angabe als Dig.-Angabe der zugrunde liegenden Stelle D. 38, 10, 10 pr. richtig wäre.

Die zweite Verw. in Z. 11 auf B. 22, 1, 80 = C. 4, 21, 22, ist richtig. Zu ergänzen ist hier: Thema 9 u. 10. Diese Stelle ist im zweiten Satz des Sch. in etwa wiedergegeben.

Der erste Satz von Sch. 4 ist identisch mit Sch. 34 zu B. 21, 1, 3 (S. 1229), mit dem Unterschied, daß die Verw. hier auf andere Art falsch geschrieben ist. Sie muß, wie in Sch. 34 zu Kap. 3, lauten: D. 38, 10, 10 pr.

Die beiden Verw. des folgenden Satzes auf C. 4, 20, 12 und C. 9, 41, 6 sind richtig. Dieser Satz steht allerdings mit dem vorhergehenden in keiner rechten Beziehung, da der erste vom Zeugnisverweigerungsrecht der Verwandten handelt, während es im zweiten heißt: „Auch wenn sie wollen, können sie nicht (Zeuge sein),“ und die beiden Verw. nur die Zeugnisunfähigkeit von Freigelassenen und Sklaven gegenüber dem patronus behandeln. Bei Hb[124] steht der erste Satz im Sch. 2), während alles weitete mit Sch. 6 am Anfang und Sch. 7 am Ende zu einem Sch. 4) zusammengefaßt ist. Ohne Kenntnis der Handschrift erscheint diese Aufteilung bei Hb richtiger zu sein, weil die lemmatische Reihenfolge, die durchgehend in den Scholien festzustellen ist, gewahrt ist, während sie in Sch. 4 bei Schelt. insofern nicht gewahrt ist, als sich der erste Satz auf die Verwandten (B. 21, 1, 4 erste Hälfte), das übrige auf den patronus etc. (B. 21, 1, 4 andere Hälfte) bezieht.

Der nächste Satz (Z. 15—17) ist einer der wenigen in den Sch., die man als Kommentierung ansehen kann, wenngleich sich der Verfasser — ob es Enantiophanes ist, soll nach dem Obengesagten dahingestellt bleiben — vorsichtig ausdrückt. Und diesen kommentarähnlichen Satz belegt er dann mit einer Reihe von Verweisungen. Die erste davon in Z. 17 weicht im Thema ab. Sie muß heißen: D. 22, 5, 3, 5. Die nächste in Z. 19 auf C. 9, 41, 6 ist die gleiche, wie in Z. 14—15.

Der in Z. 22 erwähnte τίτλος ist gleichfalls C. 9, 41, welcher weiter bis Z. 26 ausgelegt wird. Der Satz in Z. 26—27 erscheint zunächst etwas

[124] Hb II, S. 392.

unverständlich. Die darin enthaltene Verw. auf D. 48, 19, 11 ist sicher richtig. Zu ergänzen ist hier: Thema 1. Anstelle von BOBO in Z. 27, nach Schelt. App. möglicherweise domo, steht bei Hb δούλων. Wenn man das „καί" vor BOBO, das Schelt. App. in Zweifel zieht, beibehält, dann ist die Korrektur von Hb wohl richtiger; ohne dieses „καί" ist aber auch die Interpretation von BOBO als domo möglich. Auch aus D. 48, 19, 11, 1 sind beide Möglichkeiten gegeben, so daß man daher keinen Schluß herleiten kann.

Die Verw. in Z. 30 auf C. 4, 20, 3, daß das Zeugnis eines Hausmitbewohners keine Beweiskraft habe, ist richtig. Ebenfalls richtig ist die Verw. in Z. 31 auf Inst. 2, 10; hier ist zu ergänzen: Thema 8 u. 9.

1233

Die Verw. in Sch. 5 auf B. 2, 2, 58 trifft nicht zu, desgleichen nicht die entsprechende Verw. bei Hb auf B. 2, 2, 146. Diese Angabe ist jedoch hier als entsprechende Dig.-Stelle D. 50, 16, 146 = B. 2, 2, 141 gemeint.

Sch. 5 gehört nach den Regeln des lemmatischen Kommentars vor Sch. 4, da es sich auf den πενθερός, Z. 21 des Bas.-Textes, bezieht, während Sch. 4 auf die domestici ab Z. 23 bezogen ist. Bei Hb steht das Sch. hiernach richtig.

In der ersten Verw. in Sch. 6 auf B. 60, 34, 1 ist Kap. 2 zu ergänzen; denn Kap. 1 handelt nur von der fehlenden strafprozessualen Aktivlegitimation der Frau bei Mord an verschiedenen aufgezählten Verwandten, während Kap. 2 diesen Personenkreis auch auf die übrigen ausdehnt, über die sie gegen ihren Willen nicht zu einem Zeugnis gezwungen werden darf. Auch hier liegt wieder ein Beispiel vor für die enge Verbindung zwischen Zeugnis- und Prozeßfähigkeit.

Die folgende Verw. in Z. 3 auf B. 60, 50, 1, 7 ist die gleiche, wie die erste auf S. 1232, Z. 5; gemeint ist: Themata 8. 9. 10 (Hb). Die Nächste, gleichfalls identisch mit der zweiten Verw. auf S. 1232, Z. 5 (B. 60, 50, 28), ist richtig.

Bei der weiteren Verw. in Z. 4 auf B. 60, 21, 5 ist zu verstehen: pr. Diese Bestimmung stammt nicht aus dem Zeugenrecht, sondern enthält ähnlich B. 21, 1, 4 eine Aufzählung von Verwandten, die nicht nach der lex Cornelia iniuriarum bestraft werden können.

Die letzte Verw. von Sch. 6 auf B. 28, 7, 9 kann nicht richtig sein, da der Titel von der Ehescheidung handelt und nichts enthält, was annähernd in einem Zusammenhang mit B. 21, 1, 4 stehen könnte. Wahrscheinlich hat der Scholiast hier B. 28, 5, 1 gemeint. Diese Stelle enthält eine ausführliche Beschreibung aller Verwandtschaftsgrade, ist insofern eine passende Verw. zu „ἐγγυτέρου βαθμοῦ" in Z. 22 des Bas.-Textes und steht auch in engem Zusammenhang mit der vorhergehenden Verw.

Die Verw. in Sch. 7 auf B. 37, 10, 9 entspricht in der Kap.-Ausgabe 8 (Hb) = D. 26, 10, 9. Auch hier wäre die Kap.-Angabe als lex.-Angabe richtig. Im Sch. ist die Stelle wörtlich abgeschrieben. Bei Hb ist die Stelle, fälschlich als D. 37, 10, 9 angegeben, eine Vermischung von Dig.- und Bas.-Angabe.

Die erste Verw. in Sch. 8 auf B. 45, 3, 10 muß nach unserer Zählweise B. 45, 3, 7 = D. 38, 10, 10 lauten. Auch hier gilt das zu Sch. 7 Gesagte: Kap. 10 wäre als Dig.-Angabe richtig und die Stelle ist ebenfalls wörtlich im Sch. abgeschrieben.

Die zweite Verw. in Z. 11 auf B. 60, 50, 27 ist richtig. Auch hier wörtliches Zitat.

Sch. 9 enthält am Ende eine Verw. auf ein Sch. des Garidas, welches unauffindbar blieb. Die βιβλία des Garidas, eines Juristen des 11. Jahrhunderts, sind als Ganzes nicht erhalten, sondern nur an einzelnen Stellen der Bas.-Sch. erwähnt[125]. Das Sch. deckt sich aber nahezu wörtlich mit B. 21, 1, 32 = C. 4, 20, 6. Es ist hier nicht ausgeschlossen, daß ursprünglich auf diese Stelle verwiesen war, oder auch gar keine Verw. vorhanden war und der Satz dann versehentlich Garidas zugeschrieben wurde. Möglich ist auch, daß Garidas ihn an ganz anderer Stelle zitierte und der offensichtlich jüngere Verfasser von Sch. 9 in Unkenntnis der Gesetzesstelle B. 21, 1, 32 den Satz Garidas zuschrieb.

Auch dies ist wieder ein Beispiel, daß sich in späterer Zeit eine strenge Unterscheidung zwischen Gesetz und Scholien immer mehr verlief[126].

B. 21, 1, 5 definiert die nach dem vorangehenden Kap. zeugenrechtlich relevanten Begriffe Schwiegersohn und Schwiegervater. Der erste Satz von Sch. 1 sagt, daß diese Begriffe von der Verlobung an gelten und belegt das mit der richtigen Alternativverw. auf D. 38, 10, 8 = B. 45, 3, zu verstehen als Kap. 6.

Der folgende Satz sagt, daß häufig auch schon Verlobte als Mann und Frau bezeichnet werden und verweist auf C. 6, 61, 5 = B. 45, 4, 6. Bei dieser Bas.-Angabe muß das Kap. in 8 (Hb) verbessert werden.

Die letzte Verw. des Sch. in Z. 21—22 ist von Schelt. richtig in D. 23, 2, 12, 2 verbessert. Die Verw., daß man die Verlobte seines Vaters nicht heiraten kann, soll in diesem Zusammenhang die Bedeutung der Verlobung noch einmal besonders hervorheben.

Die gleiche Tendenz verfolgt auch Sch. 2, dessen Verw. auf B. 28, 5, 2 letztes Thema richtig und wörtlich zitiert ist.

Sch. 3 beinhaltet das gleiche, wie der erste Satz von Sch. 1. Die Verw., ebenfalls die gleiche, nur, daß hier alleine die Bas.-Stelle B. 45, 3, 8 angegeben ist, deren Kap.-Angabe in 6 (Hb) verbessert werden muß, ist wörtlich zitiert.

B. 21, 1, 6. Sch. 1 zu B. 21, 1, 6 gibt mit anderen Worten den Inhalt dieser Gesetzesstelle wieder. Bei Hb ist das Sch. noch durch die Worte:

---

125 Siehe Hb VI (Prolegomena) S. 197f.

126 Vgl. B II u. dort zit. Zachariae, Αἱ Ῥοπαί S. 102.

„wie Haussöhne, Sklaven und Lohndiener" ergänzt, die bei Schelt. in dem Interlinearsch. 4 § enthalten sind.

1234

Sch. 2 sagt, daß auch die Lohndiener zu den in B. 21, 1, 6 gemeinten Personen gehören, und daß man deren genau so viele wie Sklaven gebraucht. Das wird dann mit 6 Verw. belegt. Die beiden ersten Verw. auf B. 16, 8, 4 und auf Inst. 2, 5 sind richtig. Bei Inst. 2, 5 ist Thema 2 zu verstehen, wo der 2. Halbsatz des Sch. herstammt: „. . . liberis personis, quibus non minus quam servis utitur . . ."

Die Verw. in Z. 3 auf B. 60, 17, 7, 9 muß in der Themaangabe verbessert werden auf Themata 16—20 (οἷς ἐν τόπῳ δούλων ἔχομεν.)

Die nächste Verw. auf B. 60, 12, 90 muß in der Kap.-Angabe, wie bei Hb, 89 heißen.

Die Verw. in Z. 4 auf B. 60, 51, 11, 2 ist unter Berücksichtigung der Zählweise mit principium falsch und muß in Thema 1 verbessert werden. Die letzte Verw. des Sch. ist mit der letzten in Z. 3 identisch und muß ebenfalls in Kap. 89 verbessert werden.

Am Anfang von Sch. 3 steht die gleiche Verw. wie in Z. 4 von Sch. 3, gleichfalls zu verbessern in B. 60, 51, 11, 1. Die Stelle ist im Sch. wörtlich zitiert.

Das Interlinearsch. 4 § gibt mit anderen Worten den Inhalt von B. 21, 1, 6 wieder wie Sch. 1 und setzt erklärend die betreffenden Personen, Haussöhne, Sklaven und Lohndiener hinzu.

B. 21, 1, 7. Der erste Satz von Sch. 1 ist teilweise mit dem zugrunde liegenden Gesetz B. 21, 1, 7 gleichlautend, setzt aber statt „Priester und Kleriker" die, „denen zu kommen nicht erlaubt ist." Dann fragt der Scholiast: „Wer sind die, denen nicht zukommen erlaubt ist?" und antwortet: „Unterstelle, daß das die Mönche und Kleriker sind . . ."

Hier liegt ein kurzer Versuch vor, zu kommentieren, ohne daß der Scholiast eigene Gedanken äußert. In den weiteren drei kurzen Sätzen bringt er unzusammenhängend einige Regeln des Zeugenrechtes, die zu vorangehenden Kap. gehören und dort auch schon behandelt sind.

Sch. 2 verweist auf B. 54, 6, 5, zu verbessern Kap. 4 = D. 50, 6, 5, und zitiert die beiden ersten Sätze dieser Stelle bis auf die letzten Worte „καὶ τὰ λοιπά" wörtlich. Wiederum wäre das Kap. als entsprechende Dig.-Stelle richtig.

Sch. 3 ist regelrechter Kommentar. Der Verfasser, Joannes, sieht hier das durch B. 21, 1, 7 aufgeworfene und im Gesetz nicht gelöste Problem, ob einer, der vorher ein schriftliches Zeugnis abgelegt hat und dann Priester geworden ist, gezwungen werden kann, sein Zeugnis zu bestätigen. Und er löst es, indem er sagt, daß hier ebenfalls B. 21, 1, 7 anzuwenden ist, da keine spezielle Vorschrift existiert. Er fügt dann noch einen gesetzlich gelösten Parallelfall aus dem Schiedsrichterrecht hinzu. Diese Verw. weicht in der Titelangabe ab und muß lauten: B. 7, 2, 32, 4

(Schelt.) = D. 4, 8, 32, 4. Hier ist der abweichende Titel als Digestentitel richtig.

In Sch. 4 nimmt Nikaios gegen Sch. 3 des Joannes Stellung. Er stellt die Interessenlage höher, als die enge Gesetzesauslegung. Der begründende Satz: „. . . damit nicht der des Zeugnisses Bedürfende Schaden erleide", ist der letzte Satz der Verw. in Z. 30 auf B. 21, 1, 39. Das Parallelbeispiel des Joannes aus dem Schiedsrichterrecht erklärt Nikaios (Z. 32) als unzulässig, „denn dadurch werde die streitende Partei nicht geschädigt".

Schließlich aber stellt er fest (Z. 34 ff.), daß andererseits das schriftliche Zeugnis durch die Unterschrift gültig geworden ist und durch spätere Ereignisse gar nicht mehr in Frage gestellt wird. Damit widerspricht er an sich seiner anfänglichen Argumentation, daß man auch einen Priester wegen des Schadens, der sonst einen anderen treffen könne, zur Bestätigung seines früheren Zeugnisses zwingen könne; denn der Schaden kann wegen der Gültigkeit des früheren Zeugnisses gar nicht eintreten.

Die Verw. in Z. 36 auf B. 2, 3, 85, 2 muß in der Themaangabe auf 1 (Schelt.) verbessert werden. Die Verw. in Z. 37 auf B. 9, 1, 60 ist ein etwas weit hergegriffener Parallelfall, daß ein Minderjähriger als Prozeßpartei nicht dadurch, daß das Urteil erst gesprochen wird, wenn er volljährig ist, Schaden erleiden darf.

Was der Scholiast mit der letzten Verw. in Z. 37 auf B. 6, 7, 2 meinte, ist unerfindlich. Allenfalls käme unter Berücksichtigung eines Zusammenhangs mit der vorangehenden Verw. B. 7, 6, 2 in Betracht.

1235

Sch. 6 ist ebenfalls als Kommentar anzusehen; denn der Scholiast leitet hier aus zwei Gesetzesstellen den im Gesetz nicht enthaltenen Satz ab, daß auch Bischöfe zum Zeugnis darüber gezwungen werden können, was sie in einer Urkunde unterschrieben haben. Die erste Verw. muß statt B. 3, 1, 16 heißen: B. 3, 1, 13, letzter Satz = Nov. 123 c. 7 und B. 3, 1, 14. Die andere Verw. auf B. 21, 1, 39 gegen Ende ist richtig.

B. 21, 1, 8 ist ein generelles Zeugnisverbot des Sohnes für den Vater und umgekehrt. Sch. 1 führt nun eine andere Stelle an, die an sich unter Berücksichtigung von B. 21, 1, 8 überflüssig wäre, und die sagt, daß die Gewaltunterworfenen den Gewalthabern nicht Zeuge sein können „ἔνθα τι προσπορίζεται".

Die Verw. auf B. 35, 1, 20, 2 muß verbessert werden in B. 35, 1, 21, 3 (Hb)[127].

Sch. 2 engt den Begriff υἱός ein; es soll darunter in diesem Zusammenhang nur der gewaltunterworfene Sohn verstanden werden.

Sch. 3 dagegen sagt, daß hierzu sowohl der Gewaltunterworfene wie auch der Emanzipierte gehört, da der Sohn, der für den Vater zeuge,

---

[127] Vgl. zu 1229, 31.

quasi in eigener Sache zeuge; und das ist nach B. 21, 1, 9, wozu keine Sch. existieren, verboten.

Auch diese beiden Sch. sind auslegender Kommentar.

B. 21, 1, 10 beinhaltet, daß zum Beweis eines Geschehens auch ein nicht geladener Zeuge aussagen kann.

In Sch. 1 wird auf Nov. 90 verwiesen, die demgegenüber nach Meinung des Verfassers nur geladene Zeugen zur Aussage zulassen will. Dies schließt er aus der im folgenden nicht zusammenhängend zitierten Nov.-Stelle, daß im Vorbeigehn abgelegte Zeugnisse keinerlei Sinn haben. Die Verw. ist zu ergänzen: Nov. 90, c. 2, Satz 3 f.

Sch. 2 sagt, B. 21, 1, 10 gelte nicht für Willenserklärungen, sondern nur für zufällige Ereignisse. Die Verw. am Ende, die dies anhand des Testaments belegt, auf B. 35, 1, 22, ist mit Thema 2 zu ergänzen.

B. 21, 1, 11. Die an sich eindeutige Vorschrift B. 21, 1, 11, daß, wenn die Anzahl der Zeugen nicht vorgeschrieben ist, zwei genügen, wurde mit ziemlich umfangreichen Sch. versehen.

In Sch. 1 heißt es, daß bei gesetzlich nicht bestimmter Zeugenzahl der Richter die für den jeweiligen Fall notwendige Anzahl der Zeugen festsetzt. Das ist mit der Verw. auf D. 22, 5, 1, zu ergänzen Thema 2 = B. 21, 1, 1, 2, belegt.

1236

Sch. 2 behandelt, wieviele Zeugen bei der Vollziehung einer Zahlung und bei der depositio je nach Höhe der Summe erforderlich sind. Im letzten Satz heißt es: „So fordert es das Gesetz über die Ablegung des Zeugnisses."

Sch. 3. Der Verfasser von Sch. 3 sieht zwischen B. 21, 1, 1, 2 und B. 21, 1, 11 einen Widerspruch, weil nach dem einen bei nicht festgelegter Zeugenzahl zwei genügen, nach dem anderen dann die Anzahl der Zeugen in das Ermessen des Richters gestellt ist. Der Verfasser führt zur Lösung dieses Widerspruchs zwei mögliche Lösungen an: die eine, daß in der einen Stelle (Kap. 1, 2) das Wort „πολλούς" vorkommt, in der anderen (Kap. 11) dagegen nicht; die andere, daß Kap. 1, 2 nur für Prozeßvoraussetzungen gelte und Kap. 11 nur für materiell begründende Tatsachen.

1237

Die erste Verw. in Sch. 5 auf B. 23, 1, 59 muß im Kap. auf 61 verbessert werden; diese Stelle bestimmt, daß ein χειρόγραφον über mehr als 50 Goldpfund ohne die Unterschrift von drei Zeugen ungültig ist.

Die zweite Verw. auf B. 44, 1, 152 (Mitte) = C. 6, 42, 32 pr. — 1 ist richtig. Ebenfalls als richtig ist die dritte Verw. auf B. 44, 8, 1 anzusehen, wenngleich es sich hier nicht um eine zeugenrechtliche Vorschrift handelt, sondern um einen etwas weit hergeholten Parallelfall, bei dem es gleichfalls um zahlenmäßige Begrenzung geht. Wenn sich einer aus Vermächtnis Sklaven auswählen darf, so darf er sich drei auswählen.

Daß die Verw. auf B. 44, 8, 1 richtig ist, wird dadurch erhärtet, daß sie in Sch. 6 mit Hinweis auf das Vermächtnisrecht wiederholt wird.

Die Verw. im letzten Satz von Sch. 6 auf B. 48, 3, 90 gegen Ende, kann nicht stimmen. Sehr wahrscheinlich hat der Verfasser hier B. 48, 3, 70 gegen Ende gemeint. Diese Stelle steht zu der vorangehenden Verw. in engem Zusammenhang, da sie von der zahlenmäßigen Auswahl der freizulassenden Sklaven handelt, im Falle, daß ein Erblasser Freilassung angeordnet hat, niemand jedoch seine Erbschaft antreten will. Außer dieser Stelle kommt in B. 48, 3 nichts in Betracht.

Die Verw. des Interlinearsch. 7 auf D. 33, 10, 4 steht mit B. 21, 1, 11 in keinerlei Zusammenhang. Der Scholiast muß hier D. 33, 5, 1 (=B. 44, 8, 1, siehe oben!) gemeint haben.

B. 21, 1, 12. Sch. 1 ist eine freie Übersetzung von D. 22, 5, 13, worin mehrere Gesetze aufgeführt sind, nach denen ein Verurteilter nicht ausdrücklich zeugnisunfähig wird: als erstes eine „lex Servia", als Strafgesetz für Calumniatoren, die nicht existiert. Bekannt ist dagegen die lex Remmia[128], die sich mit der calumnia beschäftigte und auch Strafbestimmungen enthielt. Da der Scholiast bei den im folgenden aufgeführten Gesetzen die Reihenfolge[129] von D. 22, 5, 13 der dem hiesigen Bas.-Kap. zugrunde liegenden Dig.-Stelle einhält, muß man schließen, daß hier auch die dort an erster Stelle genannte lex Remmia gemeint ist und im Sch. durch einen Schreibfehler verfälscht wurde. Auch Hb[130] bringt die Stelle in seiner lateinischen Übersetzung als lex Remmia.

Die weiteren aufgeführten Gesetze, die lex Julia repetundarum (C. 9, 27) und die lex Julia peculatus (D. 48, 13) behandeln nicht die calumnia. Sie dienen hier als Parallelbeispiele, da die nach ihnen Bestraften (Korruption und Amtsunterschlagung) gleichfalls nicht die Zeugnisfähigkeit verlieren.

Am Ende fügt der Scholiast den weisen Satz an, daß nicht unbedingt erlaubt ist, was vom Gesetz nicht verboten ist.

In Sch. 2 sagt Kyrillos in Widerspruch zu B. 21, 1, 12, daß ein wegen calumnia Verurteilter nicht vor Gericht Zeuge sein kann.

Der erste Satz von Sch. 3 ist eine verkürzte Fassung des letzten Satzes von Sch. 1. Die Verw. in Z. 24 auf C. 3, 41, 67 mit offengelassener Bas.-Alternative, ist unauffindbar. C. 3, 41 (de noxalibus actionibus) enthält keine Stelle, die auch nur annähernd in diesen Zusammenhang passen würde.

---

[128] Hitzig, RE Calumnia. D. 22, 5, 13. D. 48, 16, 1, 2. Cic. Pro Sexto Roscio Amerino 55.

[129] Unter Auslassung der lex Julia de vi, die bei Hb mitenthalten ist.

[130] Hb II, S. 395, Sch. 1).

Die einzige Möglichkeit, die sich hier zur Lösung bietet, ist C. 2, 3, 6 = B. 11, 1, 67.

Im ganzen Codex ist kein Titel, der die Const.-Zahl 67 erreicht. Es liegt daher hier die Vermutung nahe, daß 67 die Kap.-Zahl eines einer Codexstelle entsprechenden Bas.-Kap. ist. Dies trifft bei C. 2, 3, 6 = B. 11, 1, 67 zu. Gleichzeitig würde diese Verw. gut in den Zusammenhang von Sch. 3 passen, das nicht die calumnia, sondern den Gedanken behandelt, daß nicht alles, was nicht ausdrücklich verboten ist, erlaubt ist; denn die Stelle sagt, daß Verträge, die entgegen Gesetzen und Konstitutionen oder die wider die guten Sitten geschlossen werden, unwirksam sind; mit anderen Worten entsprechend dem, was Sch. 3 sagen will: auch Verträge, die nicht gesetzwidrig sind, können dadurch unwirksam sein, daß sie gegen die guten Sitten verstoßen.

Die folgende Verw. auf D. 1, 22, 2, ist richtig[131]: infames sollen nicht das Amt des Beisitzers ausüben, obschon sie durch Gesetz nicht daran gehindert werden. Die offengelassene Bas.-Alternative muß lauten: B. 6, 24, 8.

Die in Z. 27 folgende Verw. auf D. 23, 2, 41 muß in der lex.-Angabe auf 42 pr. verbessert werden. Die Bas.-Alternative ist völlig falsch; sie muß lauten: B. 28, 5, 7 pr. Der angeschlossene Satz über die Eheverträge ist eine freie Übersetzung dieser Stelle.

Bei der Verw. in Z. 29 auf D. 50, 17, 144 ist pr. zu verstehen. Die Stelle ist im Sch. wörtlich übersetzt. Die letzte Verw. in Z. 30 auf D. 50, 17, 197 ist von Schelt. richtig verbessert. Diese Stelle ist identisch mit D. 23, 2, 42 pr.

1238

Die erste Verw. in Sch. 4 auf B. 60, 34, 4, 2 ist richtig, jedoch ist die Themaangabe überflüssig, da weder B. 60, 34, 4 noch die entsprechende D. 48, 2, 4 heute eine Themaunterteilung haben, die möglicherweise früher einmal existierte.

Die andere Verw. in Z. 4—5 auf B. 60, 43, 5, 2 muß lauten: B. 60, 43, 6, 1. Das Sch. führt aus, daß diese beiden Stellen zu B. 21, 1, 12 nicht in Widerspruch stehen.

Sch. 5 enthält vier ergänzende Adjektive zu „ἀνθρώπου ἀμέμπτου“ in der letzten Zeile von B. 21, 1, 12.

B. 21, 1, 13. Sch. 1 ist wie bei Kap. 12 eine freie Übersetzung der zugrunde liegenden Dig.-Stelle D. 22, 5, 14.

In Sch. 2 sagt Isidoros, daß die Regelung von Kap. 13 generell gelte, sowohl vor Gericht als auch bei der Errichtung eines Testaments. Die Verw. in Z. 21 auf Paulus: D. 22, 5, 18, in der die gleiche Regelung für Frauen getroffen ist, ist richtig, desgleichen die Verw. in Z. 22 auf D. 28, 1, 20, die Schelt. verbesserte; hier ist Thema 6 zu ergänzen. Auf-

[131] Von Schelt. verbessert.

fallend ist, daß Isidoros hier nach der consuetudo auctorum saeculi sexti zitiert, denn er tut dies in den meisten Fällen nicht[132].

Sch. 4 zitiert einen Kanon einer heiligen ökumenischen Palastsynode in Konstantinopel, in der bei Strafe verboten wird, Schauspiele, Tierkämpfe etc. zu betreiben. Es handelt sich um den 51. Kanon der 6. Ökumenischen Synode[133]. Dieses Sch. steht mit Kap. 13 und dem Zeugenrecht überhaupt in keinerlei Zusammenhang; es muß erläuternd zu B. 21, 1, 3, 5 gehören.

1239

In den Sch. 5 und 6 wird ausführlich dargelegt, daß, wenn unter den Zeugen eines Testaments ein Ehebrecher ist, das ganze Testament ungültig ist. Die Verw. in Z. 10 auf B. 35, 1, 2 ist unzutreffend. Hier kann nur B. 35, 1, 24 gemeint sein. Diese Stelle läßt ein Testament nach Unterschrift durch den Erblasser und sieben oder fünf Zeugen gültig sein und beginnt mit den gleichen Worten, die auch im Sch. enthalten sind: „Ἔρρωται ἡ διαθήκη". Andere Kap. dieses Titels, auch Kap. 21, 6, wo μοιχεία gleichfalls behandelt ist, kommen hier nicht in Betracht.

Die Verw. in Sch. 7 auf B. 35, 1, 1, 2 ist ebenfalls in B. 35, 1, 24 zu verbessern.

B. 21, 1, 14. Sch. 1 ist eine ausführliche Wiedergabe von B. 21, 1, 14 pr. Der Scholiast setzt hinzu: „Beachte dies, da in D. 28, 1, 20 Gegenteiliges steht". Diese Verw. ist nach der consuetudo auctorum saeculi sexti zitiert. Zu ergänzen ist: Thema 5. Dort steht im Gegensatz zu B. 21, 1, 14, daß ein nach der lex Julia repetundarum Verurteilter bei der Errichtung eines Testaments wohl Zeuge sein kann, vor Gericht dagegen nicht. Die offengelassene Bas.-Alternative muß heißen: B. 35, 1, 21, 5.

Sch. 2 sagt, Kap. 14 gelte für den nicht in seinen vorherigen Stand wieder Eingesetzten, wenn er nicht Senator sei, und B. 35, 1, 20 vorletztes Thema stehe dem nicht entgegen. Die Verw. muß ebenfalls B. 35, 1, 21, 5 (Hb) lauten.

Die folgende Verw. in Z. 23 auf B. 6, 1, 2 ist richtig. Die Stelle sagt, daß ein wegen Korruption Angeklagter weder Zeuge noch Richter sein kann.

Die nächste Verw. auf B. 60, 50, 17 ist falsch; der ganze Titel 50 (de quaestione) enthält keine in den Zusammenhang von Sch. 2 passende Stelle. Mit großer Wahrscheinlichkeit muß die Verw. lauten: B. 60, 43, 6, 1: „Wer nach diesem Gesetz (der lex Julia repetundarum) verurteilt ist, kann weder öffentlich Zeuge sein, noch Richter, noch bei Gericht Antrag stellen." Diese Stelle ist fast identisch mit der vorangehenden Verw. auf B. 6, 1, 2. Die Richtigkeit dieser Verbesserung wird durch die letzte Verw. von Sch. 4 bestätigt.

---

[132] Vgl. B III am Ende u. Schelt. TR 30 (1962) S. 356.

[133] Siehe: Rhalles-Potles, Syntagma Vol. 2, S. 424f. Vgl. 1224, 23. 1226, 23.

Sch. 3 sagt, daß nach Inst. 2, 10, zu ergänzen: Thema 6, ein intestabilis weder bei der Testamentserrichtung Zeuge sein, noch selbst testieren darf. Die andere Verw. dieses Satzes auf B. 35, 1, 26 muß in der Kap.-Angabe in 27 verbessert werden. Als Dig.-Angabe (D. 28, 1, 26) wäre sie richtig.

Im nächsten Satz wird wiederum auf Inst. 2, 10, (6) verwiesen und ἀδόκιμος in Beispielen erklärt. Das erste Beispiel: einer, der zur Unterschrift eines Testaments geladen ist, aber nicht kommt; dies soll in einem Titel 6 (Z. 27) stehen, der unauffindbar ist. Auch Schelt. (App. zu Z. 27) hält diese Schreibweise für zweifelhaft. Hb hat dieses ς 'τιτ. als στέφ. = στέφανος gelesen, was wahrscheinlich die richtigere Emendation ist; demnach läge hier eine Verw. in ein Sch. aus Stephanos vor[134].

Diese Ansicht wird verstärkt durch das zweite Beispiel: einer, der zwar im Testament unterzeichnet, aber nicht Zeuge sein will; dieser Satz enthält in Z. 28 mit Sicherheit eine Verw. in ein Sch. aus Theophilos; gemeint ist Kap. 6 des 2. Buches des 10. Titels der Institutionenparaphrase[135], die in dieser Zeit schon Theophilos zugeschrieben wurde.

Im folgenden Satz, Z. 29—30, heißt es, daß nach dem Sch. des Theophilos ein Sklave nicht Zeuge sein kann; dann ist auf „das gleiche Buch und den gleichen Titel der Bas." verwiesen. Hier ist gemeint: B. 35, 1, 21, 3 und Kap. 27 in Verbindung mit Kap. 17 pr.

Die Verw. in Z. 31 ist zu ergänzen: Inst. 2, 10, 7: Wenn ein Testamentszeuge zum Zeitpunkt der Unterschrift als Freier angesehen wurde und sich später herausstellt, daß er Sklave war, so schadet das der Gültigkeit des Testaments nicht.

Im restlichen Teil des Sch. setzt sich der Scholiast weiter mit dem uns unbekannten Sch. aus Theophilos auseinander.

1240

Sch. 4 zeigt (wie auch schon Sch. 1 und 2) den Widerspruch zwischen B. 21, 1, 14 und D. 28, 1, 20, 5 auf. Die erste Alternativverw. D. 28, 1, 20, 4 = B. 35, 1, 20, 4 muß verbessert werden: D. 28, 1, 20, 5 = B. 35, 1, 21, 5 (Hb).

Die Verw. in Z. 14 auf D. 1, 9, 2 ist richtig; die offengelassene Bas.-Alternative muß lauten: B. 6, 1, 2 (siehe Sch. 2).

---

[134] Auf der Suche nach diesem Sch. war in Sch. 4 zu B. 60, 12, 12, 1 = D. 47, 2, 12, 1 (ex improbitate) zweimal die Verw. auf ein Sch. des Stephanos zu B. 23, 1, 13 (Sch. 4) zu finden, in welchem aber diese Definition von ἀδόκιμος nicht enthalten ist. Auch Sch. 1 zu B. 23, 1, 13 enthält eine Verw. auf eine Sch. des Stephanos zu B. 2, 3, 134, welches aber verlorengegangen sein muß. Das gesuchte Sch. wäre am ehesten im Testamentsrecht (B. 35) zu finden, was aber nicht möglich war, da zum gesamten B. 35 fast keine Sch. erhalten sind.

[135] Θεοφίλου 'Αντικήνσορος, Τὰ 'Ινστιτοῦτα, Jus Graecoromanum, ed. Zepos, Vol. II, S. 88.

Die Verw. in Z. 16 ist von Schelt. in D. 48, 11, 6 verbessert; zu ergänzen ist hier: Thema 1. Die offengelassene Bas.-Alternative muß lauten: B. 60, 43, 6, 1 (siehe Sch. 2).

In Sch. 5 sind drei Bas.-Stellen wörtlich zitiert, auf deren zwei in den vorangehenden Sch. schon mehrfach verwiesen wurde (Z. 19 u. Z. 23). Die Verw. in Z. 19 muß wiederum verbessert werden in B. 35, 1, 21, 5 (Hb); die konsequente Verw. auf Thema 4 in allen Sch. zu B. 21, 1, 14, sowohl bei Dig.- (D. 28, 1, 20, 4) als auch bei den Bas.-Angaben, läßt Zweifel daran aufkommen, ob hier die heutige Zählweise mit Thema 5 richtig ist. Die wiederholte falsche Kap.-Angabe ist dagegen durch den Wegfall einer lex zu erklären[136].

Die Verw. in Z. 21 auf B. 43, Kap. 5, 2 ist vollständig unzutreffend. Statt βιβ. 43 muß es τιτ. 43 heißen und βιβ. 60 ist zu ergänzen. Die Stelle lautet richtig B. 60, 43, 6, 1 (Hb) und ist im Sch. wörtlich zitiert (siehe Sch. 2 u. 4).

Die Verw. in Z. 23 auf B. 6, 1, 5 ist in Kap. 2 zu verbessern.

Sch. 6 und 7 beziehen sich auf B. 21, 1, 14, 1. Der Verfasser zitiert zunächst Paulus (Z. 27 f.); hier ist zu ergänzen: D. 22, 5, 15, 1 die diesem Thema zugrunde liegende Stelle. Dann erklärt er, warum ein Hermaphrodit, wenn das Männliche bei ihm überwiegt, Testamentszeuge sein kann, wenn das Weibliche überwiegt, dagegen nicht: weil eine Frau nicht Testamentszeuge sein kann. Die Verw. auf Ulpian: D. 28, 1, 20 ist mit Thema 6 zu ergänzen. Die offengelassene Bas.-Alternative muß lauten: B. 35, 1, 21, 6 (Hb).

1241

Die Verw. in Sch. 7 auf B. 35, 8, 6 (zu ergänzen: Thema 1 = D. 28, 2, 6, 2) ist wörtlich zitiert.

B. 21, 1, 15. Sch. 1 sagt, daß bei falschem Zeugnis gemäß B. 21, 1, 15 der betreffende Richter selbst die Strafbefugnis hat. Die Verw. in Sch. 2 auf Nov. 90 ist zu ergänzen: c. 3. Auch die Verw. am Ende auf D. 22, 5, 21, letztes Thema, ist richtig; hier ist die Stelle gemeint: „si vero ex his quidam eorum aliud dixerit, ...“

In Sch. 4 führt Garidas aus, wann der Richter hart, und wann milde bestrafen soll, wenn Zeugen lügen.

Sch. 5. Die Verw. auf B. 60, 41, 27 ist im Sch. bis auf geringe grammatikalische Abweichungen wörtlich wiedergegeben.

Die Verw. in Z. 22 auf B. 60, 50, 17, 4, die bei Hb fehlt, ist im Zusammenhang mit Kap. 15 unverständlich. Der in Z. 22—23 angeschlossene Satz ist das verkürzte Zitat der richtigen zweiten Verw. B. 60, 41, 27 (siehe dazu Sch. 3). Die erste Verw. braucht daher inhaltlich nicht mit diesem Zitat identisch zu sein. In B. 50, 17 kommt hier nur Kap. 9, 5 in Betracht.

---

136 Vgl. B III.

Der folgende Satz ist das wörtliche Zitat von B. 60, 41, 1, 13, worauf auch in Z. 25 richtig verwiesen ist. Die Verw. am Ende auf B. 60, 41, 56 ist ebenfalls bis auf das „ὅλον" in Z. 26 richtig; nicht das ganze Kap., sondern nur der letzte Satz ist Strafvorschrift.

Sch. 7. Die wörtlich zitierte Verw. auf B. 22, 1, 72 muß in Kap. 73 (Hb) verbessert werden: „Wenn einer verschiedene, sich widersprechende Beweismittel für sich vorbringt, so hat das weder Beweiskraft, noch Nutzen."

B. 21, 1, 16. Sch. 1 wiederholt die Aussage von Kap. 16, daß zwei Leute (oder mehrere) aus dem gleichen Hause in der Angelegenheit eines Dritten gemeinsam Zeugen sein können.

1242

Sch. 2 verweist in dem Zusammenhang, daß Leute, die zum Hausstand des Klägers oder Verklagten gehören, nicht als Zeugen zugelassen werden dürfen, richtig auf D. 22, 5, 24.

Sch. 3 verweist am Anfang auf B. 35, 1, 20; diese Verw. kommt in den vorangehenden Seiten häufiger vor und weicht jeweils ab. Hier muß die Verbesserung lauten: Kap. 21 pr. (Hb).

Die Verw. in Z. 8 auf B. 37, 4, 12, die sich auf den vorangehenden Satz bezieht, daß ein Tutor nicht jünger als 25 Jahre sein darf, muß in B. 37, 4, 9 (Hb) verbessert werden.

Die Verw. in Z. 9 auf B. 37, 2, 32, 2 muß in der Kap.-Angabe lauten: 30, 2, (Hb). Das abweichende Kap. wäre wiederum als Dig.-Stelle (D. 26, 2, 32, 2) richtig.

B. 21, 1, 17. Sch. 1 ist offensichtlich zu D. 22, 5, 18, der Kap. 17 zugrunde liegenden Stelle verfaßt worden und paßt zu Kap. 17 kaum; denn Kap. 17 ist gegenüber D. 22, 5, 18 eine verengende Vorschrift, indem hier Frauen nur noch in den Fällen als Zeugen in Betracht kommen, in denen Männer nicht hinzugezogen werden können; nach D. 22, 5, 18 dagegen können Frauen generell vor Gericht Zeuge sein; und das behandelt auch Sch. 1, indem es das in D. 22, 5, 18 aus der lex Julia de adulteriis (B. 60, 37) gezogene argumentum e contrario (ἀντιδιαστολή) wiederholt.

Der Scholiast fügt hinzu: „Beachte, daß die Gesetze argumenta e contrario zulassen". Warum Frauen bei Beurkundungen, wie bei der Testamentserrichtung, nicht Zeuge sein können, das belegt er mit der Verw. auf Ulpian: D. 28, 1, zu ergänzen: lex 20, 6.

Sch. 2. Die gleiche Stelle (B. 28, 1, 20, 6) ist auch mit der Verw. in Z. 21—22 gemeint, die in der Themaangabe abweichend: 4 am Ende lautet.

Die Ergänzung der zerstörten Bas.-Alternative von Schelt. in B. 35, 8 ist falsch; sie muß lauten: B. 35, 1, zu ergänzen: Kap. 21, 6: diese Stelle entspricht nach unserer Zählweise D. 28, 1, 20, 6.

Im letzten Satz schränkt Enantiophanes als Dig.-Kommentator das Zeugnisrecht der Frau im Sinne der späteren Bas.-Fassung ein; es ist daher zweifelhaft, ob dieser Satz nicht später von einem Anderen hinzugefügt wurde.

Sch. 3 ist insofern merkwürdig, als es im ersten Satz auf Nov. 48 von Leo Philosophos wie auch auf die vorliegende Dig.-Stelle verweist; das Sch. stammt also frühestens aus dem 9. Jahrhundert; in den bisher behandelten Sch. findet sich kein Beispiel, daß ein nach Vollendung der Basiliken verfaßtes Sch. auf Dig. verweist. Hinzu kommt, daß die Verw. auf lex 18 dem zweiten Satz des Sch. widerspricht; denn dieser erklärte gerade, wie die gegenüber lex 18 verengte Vorschrift des Kap. 17 auszulegen ist. Das διγ. in Z. 25 muß daher in κεφ. geändert werden.

Die Verw. auf Nov. 48 von Leo Philosophos[137] ist richtig. In Z. 27 f. ist wiederum auf B. 35, 1, 21, 5 verwiesen und anschließend wörtlich zitiert; das Thema muß nach unserer heutigen Schreibweise in 6 verbessert werden.

B. 21, 1, 18. Sch. 1 enthält am Anfang eine freie Wiedergabe von Kap. 18.

1243

Zu dem Satz (Z. 1 f.), daß ein Unmündiger, auch wenn er will, im Strafprozeß nicht Zeuge sein kann, ist auf D. 48, 18, 15 verwiesen[138]. Diese Verw. ist richtig, obgleich sich die Stelle nicht genau mit dem im Sch. Gesagten deckt, sondern nur als ein Beispiel anzusehen ist; zu ergänzen ist Thema 1.

Die bis auf die Buchangabe offengelassene Bas.-Alternative muß lauten: B. 60, 50, 14, 1.

In Sch. 3 sagt Joannes, daß als ἄνηβος der gilt, der proximus pubertati oder jünger als 14 Jahre ist.

Sch. 4. Die Verw. auf Kanon 88 der Hl. Synode von Karthagena muß lauten: Kanon 131 (140)[139]. Diese Stelle wurde außerhalb der Scholien als einzige gefunden, die die Parallele zwischen Zeugnis- und Prozeßfähigkeit ausführt[140].

Sch. 5. Die Verw. auf D. 22, 5, 3, 4 muß nach unserer heutigen Zählweise in Thema 3 verbessert werden; der Verfasser will hier zu dem in den vorangegangenen Sch. mehrfach ausgeführten Unterschied zwischen dem Zeugnis im Zivil- und Strafprozeß hinzufügen, daß im Strafprozeß nur die persönliche Zeugenaussage vertrauenswürdig ist.

---

[137] Ed. Zachariae von Lingenthal, Jus Graecoromanum, ed. Zepos, Athen 1931, Vol. 1 S. 117f.

[138] Bei Hb II S. 399 ist hier außerdem noch auf D. 48, 18, 10 (pr.) verwiesen. lex 10 u. 15 liegt die gleiche Quelle von Antoninus Pius zugrunde.

[139] Siehe Rhalles-Potles, Syntagma, Vol. 3 S. 600. (Bei Hb ist hier auf Kanon 132 verwiesen.)

[140] Vgl. zu S. 1221.

B. 21, 1, 19. Sch. 1 zieht aus B. 21, 1, 19 ein argumentum e contrario: der Ankläger darf nach Kap. 19 einen öffentlich Angeklagten sowie einen, der jünger als 20 Jahre alt ist, nicht als Zeugen anrufen; einem Angeklagten steht dagegen nichts im Wege, diese Personen anzurufen.

Sch. 2. Die Verw. auf Kanon 88 muß ebenfalls lauten: Kanon 131 (140). Siehe oben zu Z. 14.

Sch. 3. Dieses Isidoros-Sch. beinhaltet in etwas verändertem Wortlaut das gleiche, wie der letzte Satz von Sch. 1.

1244

B. 21, 1, 20. Sch. 1, bezogen auf B. 21, 1, 20 pr., verweist richtig auf Ulpian: D. 28, 1, 18, zu ergänzen: Thema 1. Das Sch. sagt, daß dort die gleiche Vorschrift wie hier zu finden sei, daß ein wegen eines Schmähliedes Verurteilter intestabilis wird, und fügt die dortige Definition von intestabilis bei: ein solcher kann weder für einen anderen Testamentszeuge sein, noch kann für ihn ein anderer Zeuge sein.

Sch. 2 zitiert die entsprechende Bas.-Stelle B. 35, 1, 18 περὶ τὰ μέσα; gemeint ist B. 35, 1, 19, 1. Angaben wie περὶ τὰ μέσα, περὶ τὸ τέλος werden in den Sch. zu B. 21, 1 häufiger recht ungenau gebracht[141].

Sch. 3 ist eine freie Übersetzung der zugrunde liegenden Stelle D. 22, 5, 21, 1.

Sch. 4, bezogen auf Thema 2, verweist auf D. 22, 5, 3, zu ergänzen: Thema 5. Das Sch. sagt, daß, wenn es erforderlich ist, Arenakämpfer oder ähnliche, wie Huren oder andere in D. 22, 5, 3, 5 aufgeführte Personen als Zeugen zu nehmen, so soll das nicht ohne Folter geschehen.

Sch. 5 gibt eine Definition des κυνηγός. Der zweite Satz ist eine Erläuterung zu Thema 2: Wann es notwendig ist, einen Arenakämpfer oder ähnliche Menschen als Zeugen zu nehmen? Nämlich dann, wenn es unmöglich ist, einen (anständigen Zeugen) zu finden, das heißt im Gebirge und an weit abgelegenen Orten.

Sch. 6. Joannes Nicaeos schreibt, daß die Arenakämpfer und dergleichen Leute infames sind und ohne Folter nicht als Zeugen vernommen werden dürfen. Die dazugehörige Verw. ist bis auf die Buchangabe B. 60 offengelassen. Die Stelle mit Sicherheit zu ergänzen, ist nicht gelungen. In B. 60, 50 περὶ ζητήσεως ist keine entsprechende Stelle zu finden, gleichfalls nicht in B. 60, 21, 14, 41—43.

Bezieht man jedoch die Verw. nur auf ἀτιμία, so kann mit dieser Verw. B. 60, 34, 4 in Verbindung mit B. 21, 2, 2, 5 und B. 60, 34, 8 gemeint sein. Die enge Parellele zwischen Klage- und Zeugnisfähigkeit ist im Vorangehenden schon häufiger festgestellt worden; und, daß Arenakämpfer als Zeugen gefoltert werden müssen, steht im vorliegenden Kap. 20, 2, selbst. Man geht daher nicht fehl, wenn man diese Verw. in B. 60, 34, 4 ergänzt.

---

[141] Vgl. Schelt. B IV, 1245, 10.

Sch. 7 wiederholt den Anfang von Kap. 20, 3.

Auch Sch. 8 ist eine ausführliche Behandlung der Vorschrift des Thema 3, nicht die Mehrheit, sondern die Glaubwürdigkeit zu beachten.

1245

Sch. 9. Enantiophanes bringt hier wieder eine seiner typischen Antinomien, indem er dem letzten Satz von Kap. 20, 3 einen Widerspruch aus Nov. 90 entgegensetzt. Die Verw. ist zu ergänzen: c. 3, vorletzter Satz.

Sch. 10, das zu Sch. 8, Z. 26, gehört[142], enthält eine Verw. auf ein altes Sch., worin stehen soll, daß Mönche als Zeugen auf keinen Fall gefoltert werden dürfen. Dieses Sch. ist leider nicht auffindbar, weder in den Sch. zu Kap. 1, noch in B. 3, 1, wozu uns keine Sch. erhalten sind.

Sch. 16 § enthält eine Verw. auf ein Kap. 10, 4 am Ende, die τορμέλτις = tormenta erklären soll. Hier kommt weder B. 21, 1, 10 noch ein anderes Kap. dieses Titels in Frage. Dieses Interlinearsch. ist eine Ausnahme von der Regel, daß Verw. auf Kap. ohne Buch- und Titelangabe jeweils in den vorliegenden Titel verweisen.

Aus dem Zusammenhang de tormentis ist hier zu verbessern: B. 60, 50, 9, 3 = D. 48, 18, 10, 3. Dem widerspricht auch nicht das „περὶ τὸ τέλος", da sich diese und ähnliche Angaben im Vorangehenden häufiger als ungenau herausgestellt haben.

B. 21, 1, 21. Sch. 1 sagt erläuternd zu Kap. 21, daß ein Beamter dafür sorgen muß, daß ein Testator genügend Zeugen hat.

Sch. 2 verweist auf B. 35, 1, 22 am Ende, zu verbessern in B. 35, 1, 21, 10 (Hb); die Stelle ist wörtlich zitiert.

B. 21, 1, 22. Sch. 1 erklärt kurz, wie Sch. 1 zu Kap. 21, den Sinn von Kap. 22. Überhaupt ist der Aufbau der Sch. zu diesen beiden Kap. ziemlich gleich.

Zu μαρτυρῆσαι[143] in Z. 22 ist in margine von einem offenbar späteren Scholiasten hinzugefügt, daß er den Gedanken, daß einer nicht für einen anderen als Zeuge auftreten kann, gegen den er früher in einer anderen Sache ausgesagt hat, bezweifelt und für falsch hält. Dazu ist auf Kap. 41 verwiesen, welches einen ähnlichen Fall behandelt. Der spätere Scholiast durfte aber Kap. 41 nicht als Argument für seine Meinung benutzen, da dieses genau von den umgekehrten Voraussetzungen ausgeht, daß einer früher einmal Zeugen für sich herbeigebracht hat und diese später in einer anderen Sache gegen ihn geladen werden: dann nämlich kann er ihre Aussage, außer in den in Kap. 41 genannten Ausnahmefällen, nicht (vom Gericht) verwerfen lassen. Dies steht jedoch wegen der umgekehrten Voraussetzungen zu Kap. 22 und Sch. 1 in keinem Widerspruch.

[142] Schelt. B IV App. S. 1245.
[143] Schelt. B IV App. zu Z. 22.

Sch. 2 verweist auf C. 4, 20, letzte const. (20), die aber hier nicht in Betracht kommt. Die Verw. muß heißen: C. 4, 20, 17 und die offengelassene Bas.-Alternative ist zu ergänzen in B. 21, 1, 41 (siehe oben zu Sch. 1). So steht die Verw. auch bei Hb, allerdings ohne Bas.-Alternative.

1246

B. 21, 1, 23. Sch. 1. Kap. 23 steht in enger Verbindung zu den Kap. 4 und 16. Auch die Verw. in den jeweiligen Sch. sind teilweise die gleichen.

Sch. 1 definiert die οἰκειακοί als diejenigen, die unter der potestas des betreffenden Anklägers stehen und verweist auf Inst. 2, 10. 7 am Ende; diese Verw. ist zu verbessern in Inst. 2, 10, 9 u. 10 (Anfang).

Sch. 2 verweist auf B. 60, 51, 11, 2. Nach unserer Zählweise unter Berücksichtigung des pr. muß es Thema 1 heißen. Die Stelle enthält gleichfalls eine Definition der οἰκειακοί und ist wörtlich zitiert.

In den Z. 7 u. 8 ist auf vier weitere Stellen verwiesen, die insofern zu Kap. 23 in einer Beziehung stehen, als sie etwas über die Hausgenossenschaft aussagen. Die erste, B. 16, 8, 4, vor allem Thema 1, bestimmt, welche Personen in einem Wohnrecht miteinbegriffen sind.

Die zweite, Inst. 1, 5, behandelt die manumissio der Freigelassenen.

Die dritte, B. 60, 12, 90, zu verbessern in Kap. 89 (Hb), behandelt das furtum domesticum[144].

Die vierte, B. 60, 17, 7, 9, ist zu verbessern in Thema 16—18, wo es heißt, daß in der Bezeichnung „Familie" die Sklaven miteinbegriffen sind.

Sch. 3. Die Verw. auf D. 22, 5, 7 erscheint zunächst unverständlich. Der Scholiast sagt, für den Kläger darf man Hausgenossen nicht als Zeugen zulassen; dasselbe gilt für den Angeklagten, wie allgemein aus dem argumentum e contrario aus lex 7 zu entnehmen ist. Lex 7 kommt hier nicht in Betracht, genau so wenig lex 6 u. 9. Die einzige Stelle, aus der sich das vom Verfasser gewollte argumentum e contrario ziehen läßt ist die hier zugrunde liegende lex 24. Die Verw. ist also durch Wegfall[145] der Zahlenangabe 7 oder in D. 22, 5, 24 zu verbessern.

Sch. 4. Die Verw. auf D. 48, 18, 1 u. 10 ist zu ergänzen: lex 1, 3 und lex 10, 4. Die nur in Buch- und Titelangabe vorhandene Bas.-Alternative ist zu ergänzen: B. 60, 50, 1, 3 und Kap. 9, 4.

B. 21, 1, 24. Sch. 1 ist eine freie Übersetzung der zugrunde liegenden Stelle D. 22, 5, 25.

Sch. 2. Die Verw. in Z. 20 auf D. 3, 1, 1 ist zu ergänzen mit Thema 2. Der erste Satz des Sch. ist die genaue Übersetzung dieser Definition von postulare.

---

[144] Hb hat hier auf Kap. 91 verwiesen, was aber unter Berücksichtigung des Kap. 89 weniger richtig erscheint.

[145] So Hb.

Die folgende Verw. auf D. 50, 13, 1 ist mit Thema 11 zu ergänzen. Die dazugehörige Bas.-Alternative B. 14, 14, 1, 3 ist falsch; sie muß lauten: B. 54, 14, 1, 11; diese Stelle ist im Sch. wörtlich zitiert.

Sch. 3 ist ein Zusatz zu συνηγορήσας in Kap. 24. Die Verw. auf Kap. 48, 2 kann nicht auf den vorliegenden Titel bezogen sein, da weder in Kap. 48 noch im übrigen Titel von einem μεσίτης = interventor bzw. arbiter die Rede ist.

Dies ist daher im bisher Behandelten das zweite Beispiel dafür, daß Verw. ohne Buch- und Titelangabe nicht in jedem Fall in den vorliegenden Titel verweisen. Wie beim ersten Beispiel, S. 1245, Sch. 16 §, ist auch hier die vom Verfasser gemeinte Stelle nicht mit Sicherheit zu bestimmen. In Frage käme allenfalls B. 50, 21, 11, 2 = D. 47, 10, 11, 2: „. . . ut puta procuratorem tutorem ceterosque, qui pro aliis solent intervenire“[146].

Durch Sch. 4 ergibt sich noch eine andere Möglichkeit der Einordnung dieser Verw. in B. 7, 2: Περὶ δοκιμασίας μεσιτευόντων καὶ αἱρετῶν δικαστῶν; doch ist auch in diesem Titel keine Festlegung eines Kap. möglich; Kap. 48 kommt keinesfalls in Betracht. Auch der Nachsatz: „ἢ καὶ τὸν κήρυκά [φησιν]“ gibt hier keinen Anhaltspunkt.

Sch. 4 ergänzt das οὐ μαρτυρεῖ in Kap. 24 mit οὐδὲ δικάζει. Die Verw. ist ebenfalls nicht mit Sicherheit zu bestimmen; B. 7, 3, 17 ist jedenfalls falsch. Wahrscheinlich ist hier B. 7, 2 gemeint[147]; ein Kap. 24 ergänzendes Kap. ist jedoch in diesem Titel nicht zu finden. Kap. 17 pr. sagt, wenn eine der Parteien eine Vermögensabtretung vornimmt, da sie weder klagen noch verklagt werden kann, so kann man den arbiter nicht zwingen, einen Spruch zu fällen. Ähnliches beinhaltet auch Kap. 48[148]; doch ist hier keine Verbindung zu B. 21, 1, 24 herzustellen.

B. 21, 1, 25 entspricht nur im ersten Satz C. 4, 20, 1. Das Übrige entstammt nicht dem Corpus Juris und ist auch kein Ersatz der Vorschrift des C. 4, 20, 2, die bei der gegenüber dem Corpus Juris systematischer gehaltenen Abfassung der Basiliken weggelassen wurde. Stilistisch[149] deutet dieser zweite Teil des Kap. 25 darauf hin, daß hier ein altes Sch. eines griechischen Codex-Kommentars bei der Abfassung oder auch später in den Gesetzestext der Bas. mit hineingenommen wurde. Dem stände auch nicht im Wege, daß die darin enthaltene Verw. auf Kap. 42 und nicht auf C. 4, 20, 18 lautet. Möglich ist aber gleichfalls, daß dieser Zusatz ohne vorher existiert zu haben, bei oder nach Abfassung der Bas. dem Gesetzestext zugefügt wurde.

[146] Andere Stellen im Zusammenhang interventio — intercessio D. 2, 4, 10, 13. D. 3, 3, 40, 4. D. 39, 2, 17, 2. D. 46, 7, 3, 1 kamen nicht in Betracht.

[147] Schelt. B IV App. zu Z. 25. Siehe auch das zum vorangehenden Sch. 3 § Gesagte.

[148] Siehe die Verw. in Sch. 3 §.

[149] Τοῦτο δὲ νόησον etc. und die παραπομπή am Ende.

Sch. 1. Die erste Verw. in Z. 28 auf C. 4, 20, 18 (auf die entsprechende Bas.-Stelle ist auch im Bas.-Text (Pa) des Kap. 25 selbst verwiesen), zu ergänzen pr., zeigt eine Ausnahme der Regel des Kap. 25 an: Wer schriftlich ein Schuldverhältnis einging und dann ohne schriftliche Bestätigung erfüllt, benötigt dazu fünf Zeugen.

Die im gleichen Zusammenhang stehende Verw. in Z. 31 auf Nov. 90 ist zu ergänzen: c. 2.

1247

Eine weitere Ausnahme von Kap. 25 zeigt der Scholiast mit der Verw. auf C. 6, 23, 27, zu ergänzen Thema 2: Wenn ein Testator vor drei Zeugen erklärt, er wolle, daß sein früher schriftlich niedergelegtes Testament ungültig sei, so wird es ungültig.

Die folgende Verw. ohne Text in Z. 2 auf C. 4, 20, 15, zu ergänzen: Thema 6, zeigt ebenfalls eine Ausnahme zu Kap. 25 an.

Die letzte Verw. auf Nov. 107 ist ein weiteres Ausnahmebeispiel aus dem Testamentszeugenrecht, zu ergänzen ist c. 2.

Sch. 7 bezieht sich auf ἐγγράφων δικαιωμάτων in Kap. 25, Z. 18. Die Textlücke enthielt mit größter Wahrscheinlichkeit ein einen Vertragstypus bezeichnendes Wort wie συμφώνων oder συναλλαγμάτων (siehe auch Sch. 4, Z. 13 f.).

C. 4, 20, 2 ist, wie oben zu Kap. 25 gesagt, im Cod. Pa. ausgelassen worden, offenbar, weil diese Konstitution kaum in den Zusammenhang περὶ μαρτύρων gehört, da sie über Zeugen nur beinhaltet, daß diese zum Beweis der ingenuitas nicht genügen. Trotzdem hat man hier die Zählweise der Bas.-Kap. nicht korrigiert, sondern ist einfach von 25 auf 27 weitergegangen[150].

1248

Indessen sind die alten Sch. zu C. 4, 20, 2 auch noch in der späteren Handschrift Pa vorhanden, und zwar stehen sie eigenartigerweise hinter den Sch. zu Kap. 27 mit dem Vermerk[151]: „Dieses ist der Kommentar der 2. Konstitution, die ausgelassen ist." Es muß sich also bei diesen um alte Sch. eines griechischen Corpus-Juris-Kommentars handeln. Das läßt sich auch aus den drei Verfassern Theodoros, Thalelaios und Anatolios schließen und daraus, daß in diesen Scholien keine Verw. in Bas., sondern nur solche ins Corpus Juris vorkommen.

---

[150] An vielen anderen Stellen, wo bei Abfassung der Bas. eine lex des Corpus Juris ausgelassen wurde, ist diese Erscheinung nicht festzustellen, sondern man hat die Zählweise korrigiert, und auch die alten Sch. sind nicht mehr vorhanden. Z. B.: D. 22, 5, 7 im vorliegenden B. 21, 1; D. 47, 10, 14 in B. 50, 21; D. 38, 7, 1 in B. 45, 2.

[151] Schelt. B IV App. zu Z. 28.

Warum aber diese für das Zeugenrecht gegenstandslosen Sch. über Jahrhunderte im Titel περὶ μαρτύρων mitgeschleppt wurden, ist unerklärlich.

Sch. 1 sagt, daß C. 4, 21, 4 die C. 4, 20, 2 nicht entgegenstehe, da diese nur für den Prozeß zum Beweis der freien Geburt gelte. Statt Const. 4 muß es, wie bei Hb, Const. 15 heißen; denn nur in dieser Vorschrift des Titels 21 kann man zu der Vorliegenden einen Gegensatz sehen.

Die weiteren Verw. auf C. 7, 14, 5 und C. 7, 16, 4 beziehen sich nur auf den Ingenuitätsprozeß, ohne zeugenrechtlich irgendetwas zu beinhalten. Die letzte Verw. auf C. 2, 42, 3 verweist auf einen dem Ingenuitätsprozeß ähnlichen Fall, die Feststellung der Volljährigkeit.

Sch. 2. Thalelaios schreibt: „Beachte den Rechtsinhalt der Konstitution; denn er ist befremdlich und findet sich nirgendwo anders, außer vielleicht in D. 21, 4 letzte lex?" Was Thalelaios hier als befremdlichen Rechtsinhalt meinte, ist schwer zu interpretieren. D. 21 hat keinen Titel 4 und aus den anderen drei Titeln kann hier keine Stelle gemeint sein. Wahrscheinlich soll es hier D. 22, 4 heißen[152]; in diesem Titel läßt sich jedoch nur lex 1 zu C. 4, 20, 2 in eine gewisse Beziehung setzen: daß als instrumenta sowohl testimonia wie personae gelten. Das wiederum ist schwer als ein, wie Thalelaios meint, ähnlicher befremdlicher Rechtsinhalt anzusehen.

Was Thalelaios an Const. 2 befremdet, kann die Tatsache sein, daß hier die Zeugenaussage geringer bewertet wird, als das tote Beweisstück, da eben Zeugen im Ingenuitätsprozeß alleine nicht genügen; die gleiche geringere Bewertung der Zeugenaussage finden wir jedoch auch in Const. 1; D. 22, 4, 1 dagegen bewertet beide gleich. Es ist daher möglich, daß sich Thalelaios an dieser Differenz gestoßen hat. Das allerdings entspricht nicht ganz dem Wortlaut des Sch., nach dem beide Stellen ähnlichen Inhalt haben sollen. Da eine andere Stelle nicht zu finden war, ist diese Verw. nicht mit Sicherheit festzulegen.

Sch. 3 „Τὸ κατὰ πόδας"[153], ist die genaue Übersetzung von C. 4, 20, 2.

Sch. 4 u. 5 sind Wiederholungen des Gesetzestextes.

B. 21, 1, 27. Sch. 1 verweist richtig auf Const. 5 des vorangehenden Titels (C. 4, 19, 5), daß instrumenta domestica alleine zum Beweis nicht genügen. Auf den Unterschied zwischen C. 4, 20, 3, daß testimonia domestica verworfen werden, und C. 4, 19, 5, daß instrumenta domestica alleine nicht genügen, geht Theodoros allerdings nicht ein.

Er verweist dann weiter in Z. 16 auf C. 4, 20, 10, daß keiner in eigener Sache Zeuge sein kann. Daraus zieht er den Umkehrschluß, daß die οἰκειακὴ μαρτυρία in fremder Sache zulässig ist. An D. 22, 5, 17

[152] Die Verwechslung β'—α' kommt häufig vor. Vgl. L. Schmitt, a. a. O. S. 159.

[153] Vgl. D. Holwerda, Le code Justinien et sa traduction Grecque, Classica et Mediaevalia 23 (1962) S. 274f.

= B. 21, 1, 16 hat er wohl hier nicht gedacht, sonst hätte er darauf verwiesen.

Er sagt dann weiter, daß einer in eigener Sache wohl gefragt werden kann, auch wenn es ein Sklave ist und verweist auf C. 4, 20, 7, zu verbessern: Const. 8. Mit diesem Satz setzt sich Theodoros in direkten Widerspruch zu Const. 10, die er gerade oberhalb zitiert hat; denn zwischen „Zeuge sein“ und „gefragt werden“ besteht nur der Unterscheid, daß der letztere Ausdruck auf Sklaven angewandt wird.

Er legt auch Const. 8 hier ganz anders aus, als es diese Vorschrift beinhaltet; dort ist nämlich nur von Sklaven die Rede und es ist keinesfalls daraus abzuleiten, „daß jeder in eigener Sache gefragt werden kann, auch wenn es ein Sklave ist.“

Schließlich ist noch auf den Unterschied οἰκείου φάκτου im Sch., Z. 20, und ἰδίου φάκτου = pro facto suo in Kap. 31 = Const. 8 hinzuweisen. Offenbar hat es Theodoros als Griechen Schwierigkeiten gemacht, die lateinischen Begriffe, „domesticus“ und „suus“, die im Griechischen beide durch „οἰκεῖος“ übersetzt werden können, in ihrer juristischen Bedeutung zu trennen. Darauf deutet auch Z. 17 f.

Sch. 2 verweist auf B. 60, 51, 11, 2 nach unserer Zählweise: Thema 1, daß Lohnarbeiter (als οἰκειακοί) ebenfalls nicht als Zeugen zugelassen werden dürfen. Die andere Verw. im gleichen Zusammenhang auf B. 19, 10, 31, 9 ist vollkommen falsch. Hier kommt als Verbesserungsvorschlag kaum eine andere Stelle als B. 60, 12, 89 = D. 47, 2, 90 in Betracht; mercennarii kommen in Corpus Juris nur noch an wenigen Stellen vor[154], die hier nicht in Betracht kommen. In B. 60, 12, 89 wird der mercennarius dem libertus und cliens beim furtum gleichgestellt.

Sch. 3 sagt, daß Hausgenossen zwar Zeugen sein können, sie aber nicht als Zeugen in Frage kommen, wenn der, der sie herbeibringt, etwas erwerben will. Dazu ist alternativ auf D. 28, 1, 21 und B. 35, 1, 21, 1 verwiesen.

Richtig müßte dazu, daß Hausgenossen Zeugen sein können, auf D. 28, 1, 22 pr. = B. 35, 1, 23 pr. (Hb), und dazu, daß dies beim Erwerb nicht in Betracht kommt auf D. 28, 1, 20, 3 = B. 35, 1, 21, 3 verwiesen sein.

Das „ὁ τὴν μαρτυρίαν προσφέρων“ in Z. 26 heißt bei Hb „ὁ τὸν μάρτυρα προσφέρων“. Die Lesart Scheltema's ist vorzuziehen, weil hier der, der Zeugnis ablegt, gemeint ist und nicht, wie die Lesart Hb's, der, der den Zeugen herbeibringt, die Prozeßpartei; denn nur der Zeuge ist abzulehnen, „wenn er etwas erwerben will“.

B. 21, 1, 28. Sch. 1. Die Verw. auf Nov. 90 ist zu ergänzen: c. 3 (Mitte): „. . . neque testium habentem praesentiam et depositionem

[154] D. 8, 6, 20. D. 43, 24, 3 pr. u. lex 5, 11. D. 50, 13, 1, 4.

et subscriptionem tenere." Allerdings steht in der Nov. nichts von drei Zeugen[155], sondern nur von Zeugen (Plural), gegenüber dem versiegelten Zeugnis eines Menschen, welches nach Kap. 28 nicht zuzulassen ist.

1249

Sch. 2. Thalelaios: „Τὸ κατὰ πόδας" ist die Übersetzung der hier zugrunde liegenden Const. 4.

Sch. 3 sagt, daß weiter unten zu finden ist, daß Zeugnisse in eigener Sache unglaubwürdig sind. Die genaue Stelle hat Thalelaios nicht angegeben; es ist C. 4, 20, 10.

Sch. 4 verweist auf B. 60, 50, 20; das Kap. ist in 19 zu verbessern und wäre wiederum als Dig. (D. 48, 18, 20) richtig. Die Stelle ist bis auf eine geringe Abweichung in Z. 10 wörtlich zitiert[156].

Sch. 5 verweist auf verschiedene Stellen[157], in denen jeweils ein einzelner Zeuge genügt, nämlich ein Urkundenschreiber zur Feststellung der eigenen oder fremden Handschrift. Die erste Verw. auf B. 22, 1, 4 und 75 ist in der zweiten Kap.-Angabe richtig; zu ergänzen: Thema 2 (... ἐκ παραγωγῆς συμβολαιογράφου ...) Z. 20. Die Verw. auf Kap. 4 dagegen ist unzutreffend und es findet sich kein Anhaltspunkt zu einer Verbesserung. Auch eine Durchsicht der Sch. zu B. 22, 1, 75 und deren Verw. führte zu keinem Ergebnis.

Die folgende Verw. auf B. 47, 1, 55 und 65 muß lauten: B. 47, 1, 63 = C. 8, 53, 31, 1[158]. Auch hier gelang es nicht, eine entsprechende zweite Stelle zu finden, so daß die Annahme erlaubt ist, daß diese Verw. jeweils durch Schreibfehler verdoppelt wurde. Die Verw. am Ende auf B. 35, 2, 16 scheint in diesem Zusammenhang etwas weit hergeholt, da das in Abwesenheit der Zeugen errichtete und von diesen später unterzeichnete Testament kein Beispiel für den Ausnahmefall ist, daß ein einziger Zeuge genügt.

Sch. 7 sagt, daß neben dem Bankier auch der Testator eine Ausnahme (zu Kap. 28?) bilde, der später vor fünf Zeugen erklärt, er wolle, daß sein Testament unwirksam sei. Die Verw. auf B. 35, 2, 22 muß in der Titelangabe auf 1 verbessert werden. Zu Kap. 28 ist aber hier keine Beziehung herzustellen. Der folgende Satz (Z. 22—24) ist eine schlechte Abschrift des Thalelaiossch. 3 zu Kap. 27. Auch hier ist keinerlei Zusammenhang zu Kap. 28.

Die Verw. in Z. 22 auf Kap. 22, 2 „des vorliegenden Titels" muß lauten: B. 35, 1, 23 pr. (Hb).

---

[155] Vgl. hierzu E. Seidl, Die Jurisprudenz ägyptischer Provinzialrichter, in Festschrift für Ernst Rabel II, Tübingen 1954 S. 239.

[156] Hb V S. 847: καὶ (κἂν, Hb. App.) βασανισθῇ, καὶ κατάθηται.

[157] Siehe Sch. 12 zu Kap. 1, welches die gleichen Verw. enthält.

[158] Vgl. hierzu 1223, 34f.

Die Verw. auf B. 35, 3, 20, 3 lautet richtig: B. 35, 1, 21, 3 (Hb). Der letzte Satz des Sch. (Z. 25f.) ist eine ungenaue Abschrift des letzten Satzes von Sch. 1 zu Kap. 27; hier gilt das Gleiche, was oben zu diesem Satz gesagt wurde. Die Verw. auf B. 21, 1, 26 ist wie oben zu verbessern in B. 21, 1, 31 = C. 4, 20, 8.

Insgesamt betrachtet stellt Sch. 7 keine Einheit dar; es muß von einem späteren Verfasser aus älteren Sch. ungenau zusammengesetzt worden sein und gehört nicht zu Kap. 28, sondern, bis auf den ersten Satz, zu Kap. 27.

Sch. 8 ist fast gleich mit dem dritten Satz (Z. 27ff.) in Sch. 12 zu Kap. 1. Die Verw. auf B. 20, 2, 4 ist ebenfalls richtig.

1250

B. 21, 1, 29. Sch. 1 gibt mit nur wenig veränderten Worten den Inhalt des Kap. 29 wieder, ist jedoch nicht, wie bei den Sch. zu einigen vorangehenden Kap. eine Übersetzung der zugrunde liegenden lateinischen Stelle (Τὸ κατὰ πόδας).

Sch. 2 verweist zur Erläuterung des Abhängigkeitsverhältnisses in Kap. 29 richtig auf Kap. 6.

B. 21, 1, 30. Sch. 1 sagt Kap. 30 wiederholend, daß keiner gezwungen werden kann, gegen sich selbst Zeugnisse zu bringen noch auch Beweisstücke; und zu den letzteren ist an sich richtig auf C. 2, 1, 4 verwiesen. Diese Verw. ist jedoch hier insofern nicht ganz treffend, als es dort heißt, daß ein accusator selbst Beweismittel haben muß und es nicht in seiner Macht steht, fremde Beweismittel einzusehen, während hier (Kap. 30) nicht ein beliebiger Dritter, sondern nur der Gegner gemeint ist.

Auch die folgende Alternativverw. auf C. 2, 1, 1 oder B. 17, 18, 14, zu verbessern: B. 7, kann nicht streng als Ausnahmeregel zu Kap. 30, wie es das Sch. will, ausgelegt werden; denn ob die Gegnerin nach C. 2, 1, 1 Beweismittel ausliefern muß, das ist in das Ermessen des Richters gestellt.

Eine echte Ausnahmeregel zu Kap. 30 enthält indessen die Alternativverw. am Ende auf C. 4, 21, 4 oder B. 22, 1, 63; hier ist allerdings nur der Fiskus der von der Ausnahme Betroffene.

B. 21, 1, 31. Sch. 1 führt einige Ausnahmen von der Regel des Kap. 31 an, daß Sklaven weder für noch gegen ihren Herrn befragt werden dürfen. Die erste Verw., von Schelt. in C. 9, 41, 2 verbessert, zeigt die Ausnahme im Tutelprozeß. Die zweite Verw. auf C. 9, 41, 1 zu verstehen: pr, zeigt die Ausnahme bei Ehebruch, Steuerhinterziehung und Majestätsbeleidigung.

Sch. 2. Die Verw. auf Nov. 90 ist zu ergänzen: c. 6: wer in Wahrheit Sklave ist, kann nicht zum Zeugnis zugelassen werden.

Sch. 3 behandelt das Zeugnis eines Sklaven „in eigener Sache". Die richtige Alternativverw. auf D. 22, 3, 7 oder B. 22, 1, 7 behandelt den Fall, daß beim Verkauf eines Sklaven Zweifel darüber bestehen, ob er schon einmal entflohen war; wenn er dann unter Folter befragt wird, so ist seiner Aussage zu glauben.

Dieses Zeugnis des Sklaven „in eigener Sache" ist ein echtes Beispiel von Konstruktionsjurisprudenz; denn das „in se enim interrogari, non pro domino aut in dominum videtur" in D. 22, 3, 7 ist eine handgreiflich unwahre Konstruktion zur Umgehung der Vorschrift C. 4, 20, 8; nur im Interesse oder gegen das Interesse des Herrn, des Verkäufers, liegt nämlich hier die Aussage des Sklaven.

Sch. 4. Die Verw. auf C. 9, 41, 15 ist richtig.

1251

Sch. 5. Die Verw. auf B. 60, 50, 37, zu verbessern: Kap. 36, ist wörtlich zitiert. Ebenfalls wörtlich zitiert ist die zweite Verw. in Z. 3 auf B. 60, 50, 29, zu verbessern: Kap. 28 (Hb). Auch die beiden folgenden Verw. des Sch. sind mit wörtlichen Zitaten der betreffenden Stelle verbunden:

In Z. 4 auf B. 60, 50, 36, zu verbessern: Kap. 35 und in Z. 6 auf B. 60, 50, 23, zu verbessern: Kap. 22. Außer den Zitaten enthält das Sch. keinen eigenen Text. Auffällig ist, daß alle vier Verw. in der Kap.-Angabe eine Zahl zu hoch liegen. Offenbar hatte Titel 50 einmal eine andere Zählweise[159] dadurch, daß die jetzt ausgelassene D. 48, 18, 5 ursprünglich noch mitenthalten war, oder, daß die Zahl der ausgelassenen Stelle übersprungen wurde, wie im vorliegenden Titel B. 21, 1 die Const. 26.

Sch. 6. Die Verw. auf B. 7, 5, 53, zu verbessern Kap. 52 = D. 5, 1, 53, paßt hier als Parallelverw., indem sie ein Beispiel der Klagebefugnis eines Sklaven gegen seinen Herrn gibt. Sie kann aber nur im Zusammenhang mit dem weiteren Wortlaut des Sch. gesehen werden, wenn man eine sehr weitgehende Identität der Voraussetzungen von Klage- und Zeugnisfähigkeit im Rechtsdenken der Scholiasten voraussetzt, wie oben bereits mehrfach behandelt. Und dann bleibt immer noch der Widerspruch zu Kap. 31 bestehen; denn nur der erste Tatbestand des B. 7, 5, 52, daß ein Sklave behauptet, ihm werde von seinem Herrn die Freiheit geschuldet, ist als „ἴδιον φάκτον" im Sinne des Kap. 31 anzusehen, während die anderen Tatbestände, Naturalsteuer- und Steuervergehen und Falschmünzerei keinesfalls „ἴδια φάκτα" sind.

Auch die Verw. in Z. 15 auf B. 38, 9, 36 (= C. 5, 37, 22, 2f.) ist eine Parallelverw., die im Zusammenhang mit dem vorangehenden

[159] Vgl. Tipukeitos V S. 258ff., wo die diesem Sch. entsprechende Zählweise zu finden ist. Siehe aber demgegenüber Sch. 7.

Satz die Kontrollfunktion guter Sklaven am Vermögen eines unter Tutel stehenden Minderjährigen darlegt[160].

Sch. 7 verweist richtig auf B. 60, 50, 23 und 27, wobei Kap. 23 mit leichten Abweichungen zitiert wird. Auffallend ist, daß im Gegensatz zu der durchgängigen Zahlenabweichung der Verw. in Sch. 5 hier die beiden Angaben aus B. 60, 50 richtig sind

Sch. 8 ist das Verweisungsreichste Sch. des Titels 1. Es enthält 23 Verw., die sich alle auf die Frage beziehen, wann ein Sklave gegen seinen Herrn gefragt und gefoltert werden darf und wann nicht, und wann er in eigener Sache gefragt und gefoltert werden darf, gleichviel ob die Vernehmung dem Herrn schadet oder nicht.

Zunächst die Verw. zu der Frage, wann ein Sklave gegen seinen Herrn gefoltert und vernommen werden darf:

Z. 20 B. 60, 50, 17, 1 u. 2, zu verbessern Kap. 16, 1 u. 2 (Hb) = D. 48, 18, 17.
Z. 21 a) B. 60, 50, 23 ist richtig. Siehe 1 Verw. von Sch. 7.
b) B. 38, 9, 36 ist richtig. Siehe 2 Verw. v. Sch. 6.
c) B. 35, 16, 6, 2, verbessern: Thema 1.
Z. 22 a) B. 60, 50, 25, verbessern: Kap. 22. Dieses ist ein Beispiel zu Frage 1 und fehlt im Sch., während Kap. 25 hier nicht paßt.
b) B. 37, 7, 33 letztes Thema; „θεμ. τελευτ.“ entfällt, da Kap. 33 keine Themaeinteilung hat.
Z. 23 B. 5, 4, 20 ist falsch, wie auch im ganzen B. 5 keine Stelle in Frage kommt. Als inhaltliche Parallelverw. wäre hier paläographisch B. 2, 5, 1 zu rechtfertigen[161].

Auf Z. 23 folgen die Verw. zu der Frage, wann ein Sklave nicht gefoltert und nicht vernommen werden darf.

Z. 24 a) B. 60, 50, 3 ist richtig.
b) B. 60, 50, 9, 2 ist richtig. Hier fällt auf, daß sogar die Zählweise der Themata mit unserer heutigen übereinstimmt; der Scholiast hat also mit Berücksichtigung eines pr. gezählt.
c) B. 60, 50, 18, Thema 5, 6, 7, zu verbessern: Kap. 17, 6 u. 7. Thema 5 muß, wie von Schelt. bereits bezeichnet, weggelassen werden. Hier wiederum wäre die falsche Kap.-Angabe als lex (D. 48, 18, 18) richtig.
Z. 25 a) B. 60, 50, 4 ist richtig.
b) Kap. 24 stimmt mit der Einschränkung, daß diese erst später gefoltert werden dürfen.
c) Kap. 27 ist richtig.

---

[160] Bei Hb lautet die erste Verw. dieses Sch. B. 60, 50, 23 statt B. 7, 5, 52. Diese Stelle paßt mehr zum Inhalt des Sch., als die beiden Verw. bei Schelt. Vgl. Sch. 6.

[161] Die Verschreibung κ'—α' ist häufiger festzustellen.

d) Kap. 29 ist falsch. Da keine andere Stelle zwischen Kap. 27 u. 35 hier in Frage kommt, muß diese Verw. entfallen, denn es ist offensichtlich, daß der Scholiast hier zahlenmäßig von unten nach oben verwiesen hat.

e) Kap. 36 ist zu verbessern in Kap. 35.

f) Das offengelassene Kap. ist Kap. 1; denn es folgen dann eine Reihe Themaangaben von 4—14 und diese Anzahl von Themata hat neben Kap. 17, in welches

Z. 26 schon in Z. 24 verwiesen ist, nur Kap. 1.

Die anschließenden Themata 4. 5. 6. 7. (10. 11.) 12. 13. 14 sind nur zum Teil in Bezug auf Frage 2 richtig. Die Reihe muß lauten: Thema 5. 6. 8. 9. 10. 13. 16. 18 (Hb).

Auf Z. 27 folgen die Verw. zu der Frage, wann ein Sklave in eigener Sache peinlich befragt werden kann, gleichviel, ob die Vernehmung seinem Herrn schadet oder nützt:

Z. 28 a) B. 22, 1, 7 ist richtig.

b) B. 60, 50, 37 u. 34 ist zu verbessern: Kap. 36 u. 33.

Z. 29 a) B. 19, 10, 58, 2, zu verbessern: Kap. 53, 2 = D. 19, 1, 58, 2.

b) B. 37, 7, 33 letztes Thema; θεμ. τελευτ. entfällt, da Kap. 33 keine Themaeinteilung hat, genau wie bei der gleichlautenden Verw. in Z. 22. Der Verfasser hat hier die gleiche Verw. zu Frage 1 und 3 gebraucht. Hier, zu Frage 3, paßt sie nicht recht, da man diesen Fall kaum als Vernehmung in eigener Sache ansehen kann.

Z. 30 a) B. 60, 50, 1, 4, zu verbessern: Thema 5.

b) B. 60, 50, 37, zu verbessern: Kap. 36. Die gleiche Verw. kommt zwei Zeilen vorher zur gleichen Frage schon einmal vor.

B. 21, 1, 32. Sch. 1 steht bei Hb als letztes Sch. zu Kap. 31. Der erste Satz ist streng auf Kap. 32 bezogen. Zwischen diesem und den weiteren ist jedoch kein rechter Zusammenhang zu finden. Die Verw. in Z. 33 auf B. 21, 1, 33, zu verbessern: Kap. 34, und der folgende Text beziehen sich eindeutig auf Kap. 31. Offenbar wurden hier zwei zu den beiden verschiedenen Kap. gehörende Sch. aus Versehen zusammengezogen.

1252

Sch. 2 verweist auf Inst. 2, 10, zu ergänzen Thema 9 u. 10 (s. S. 1246, Sch. 1), als Beweis dafür, daß unter „Hausgenossen" als Zeugen nicht Blutsverwandtschaft, sondern die Personen, die unter einer patria potestas stehen, zu verstehen sind.

Die Verw. in Z. 9 auf ein Sch. zu B. 60, 50, 26 ist unklar. Offenbar ist hier auf das Sch. eines alten Verfassers verwiesen, welches aber in dem hier angegebenen Inhalt, eines vom patronus als Sohn angegebenen Freigelassenen, in den Sch. zu Titel 50 nicht zu finden war. Möglicherweise ist dieses Sch. verlorengegangen.

Die Verw. in Z. 11 auf B. 35, 1, 21, 2 ist zu verbessern: Thema 3 (Hb). Das Sch. ist insgesamt sehr kommentarähnlich, da es verschiedene begründete Meinungen zu Kap. 32 aufzeigt.

B. 21, 1, 33[162]. Sch. 1. Theodoros sagt, daß die Zeugen in Anwesenheit des Richters schwören müssen, zu sagen, was sie wissen oder, daß sie nichts wissen, und verweist dann richtig auf C. 4, 20, 16, zu verstehen: pr.

Die Verw. auf Nov. 90, daß die Zeugen glaubwürdig sein müssen, ist zu ergänzen: c. 1 pr. Hier steht allerdings εὐυπολήπτους statt ἀξιοπίστους.

Sch. 2, welches offensichtlich aus einem älteren Codex-Kommentar stammt, verweist zuerst auf das „facile" in Const. 9, daß man das Zeugnis eines einzigen nicht „leichtfertig" zulassen soll. Const. 9 steht insoweit zu dem daraus hervorgegangenen Kap. 33 in Gegensatz, als dort das Zeugnis eines einzigen überhaupt nicht mehr zulässig ist.

Die Verw. in Z. 23 auf C. 4, 21, 16, zu ergänzen: Thema 1, dient als Beispiel, daß auch das Zeugnis eines Einzigen, nämlich des Urkundenschreibers, genügen kann, im Gegensatz zu Kap. 33.

Auch die drei folgenden Verw. dienen als gleichbedeutende Beispiele: Z. 25 auf C. 4, 21, 22, zu ergänzen: Thema 5, daß bei der Buchhaltung eines Bankiers der Buchhalter alleine als Zeuge genügt; Z. 27 auf C. 4, 66, 2, zu verbessern: Const. 4 pr. (am Ende), daß beim Annahmeverzug des Erbpachtzinses einer der dort genannten Beamten als Zeuge genügt.

Z. 30 auf C. 8, 53, 31, zu ergänzen: Thema 1, daß bei Schenkungsverträgen ein Zeuge genügt (nämlich der, der den Vertrag aufsetzt).

Die Verw. in Z. 31 auf C. 4, 20, 15, zu ergänzen: Thema 6 (am Ende) zeigt an, daß bei unwiderleglichen (öffentlichen) Urkunden überhaupt kein Zeuge notwendig ist.

1253

Sch. 4 Nomophylax (der Name des Verfassers ist bei Hb[163] mit Gregorios angegeben) bringt die gleichen Ausnahmebeispiele zu Kap. 33 wie Sch. 2, nur daß dort in den Codex und hier in die entsprechenden oder gleichlautenden Bas.-Stellen verwiesen ist:

Z. 3 B. 20, 2, 4 = C. 4, 66, 4 ist richtig.
Z. 4 B. 22, 1, 75 = C. 4, 21, 16 ist richtig.
Z. 7 B. 22, 1, 78, zu verbessern: Kap. 80, 5 (Hb) = C. 4, 21, 22, 5.
Z. 8 B. 47, 1, 67, zu verbessern: Kap. 63 (Hb) = C. 8, 53, 31, 1.

Siehe hierzu auch Sch. 12 auf S. 1223 mit den gleichen Verw.

---

[162] Vgl. E. Seidl, Die Jurisprudenz der ägyptischen Provinzialrichter, in Festschrift für Ernst Rabel II, Tübingen 1954 S. 239.

[163] Hb II S. 405, Z. 3 des letzten Sch.

Sch. 5 bezieht sich auf den ersten Satz von Kap. 33. Am Anfang des Sch. ist „Δεῖ ὀμνύναι“ hinzuzudenken. Hb gibt Nicaeos statt Nomophylax als Verfasser an[164].

Sch. 6 zeigt eine prozeßgeschichtliche Entwicklung an. Der Verfasser nimmt an, daß die Vereidigung vor Zeugenaussage nur in älterer Zeit üblich war, als auch vor Prozeßbeginn die streitenden Parteien einen Calumnieneid ablegen mußten, und daß sie mit Abschaffung des Calumnieneides entfiel.

In Z. 18 ist auf ein Sch. des Anatolios verwiesen, welches wörtlich zitiert, in den Sch. zu diesem Titel jedoch nicht zu finden ist. Wahrscheinlich handelt es sich dabei um einen Corpus Juris-Kommentar, der verlorengegangen und nur noch in einzelnen Zitaten enthalten ist, wie z. B. auch die Anatoliosstelle in Sch. 4 zu C. 4, 20, 2.

Sch. 8 ist ein Zusatz zum letzten Satz des Kap. 33, welches auf die Sch. zu Kap. 28 verweist, die Ausnahmen zu den sehr verwandten Regeln des Kap. 28 und Kap. 33, letzter Satz, aufzeigen. Hier ist vor allem an die Sch. 5—8 zu denken.

B. 21, 1, 34. Sch. 1 erklärt Kap. 34 so, daß wenn schon nach Const. 3 „Hausgenossen“ als Zeugen nicht anerkannt werden, um so weniger einer in eigener Sache Zeuge sein kann.

Sch. 2. Die wörtlich zitierte Verw. auf B. 6, 1, 44 ist zu verbessern: Kap. 49 (Hb).

1254

B. 21, 1, 35. Sch. 1, hier ohne Verfassernamen, ist bei Hb Theodoros zugeschrieben. Das Sch. gibt mit anderen Worten den Inhalt von Kap. 35 wieder. Die Verw. auf C. 7, 62, 6 ist zu ergänzen: Thema 2.

Sch. 2 „Τὸ κατὰ πόδας“ ist bis Z. 12 die genaue Übersetzung der zugrunde liegenden Const. 11. Am Ende heißt es, daß weiter unten in den Novellen Vorschriften zu finden sind, nach denen einer auch im Zivilprozeß zur Zeugenaussage gezwungen werden kann. Gemeint ist: Nov. 90 c. 8.

Sch. 3 verweist über die Mittäter eines Verbrechens auf B. 60, 50, 18, zu verbessern: Kap. 17 pr. (Hb). Die Stelle ist wörtlich zitiert, desgleichen die folgende: B. 60, 50, 26, zu verbessern: Kap. 25 (Hb).

Sch. 4. Der Verfasser dieses Sch. ist bei Hb mit Nicaeos statt hier Nomophylax angegeben. Nach langatmiger Wiederholung des Inhalts von Kap. 35 sagt er am Ende, daß nach altem Recht niemand gezwungen werden konnte, in einem Zivilprozeß Zeuge zu sein, nach den Basiliken dagegen jeder, der etwas über den betreffenden Fall weiß, im Zivil- und Strafprozeß auch gegen seinen Willen zum Zeugnis gezwungen werden kann.

---

[164] Hb II S. 405, Sch. 2) 2. Teil.

Sch. 5 sagt mit anderen Worten das Gleiche, wie das Ende von Sch. 4. Dazu ist richtig auf Kap. 43 verwiesen.

1255

B. 21, 1, 36. Sch. 1 ist die genaue Übersetzung der zugrunde liegenden Const. 12.

Sch. 2 erklärt die Vorschrift des Kap. 36 so, daß ein Freigelassener als ranggleich mit einem Deszendenten anzusehen ist, und ihm deshalb verboten ist, gegen den patronus auszusagen, weil dieser die Stelle des Vaters vertritt. Die Verw. auf Kap. 22 kann nicht richtig sein; sie muß lauten: Kap. 32.

B. 21, 1, 37. Sch. 1 sagt, daß der, der vor Gericht falsch schwört, bestraft wird. Bei dem aber, der über sich selbst falsch schwört, genügt es, daß Gott ihn straft.

Sch. 2. Die Verw. auf B. 9, 3, 33 ist richtig. Die Stelle ist ungenau zitiert. Die Verw. auf B. 11, 2, 59 zeigt als Parallelfall zu dem, der falsche Zeugen bringt, den Urkundenfälscher.

Sch. 3 zählt die Strafen auf, die die verschiedenen Klerikergrade für falsches Zeugnis treffen. Die Verw. auf B. 3, 1, 43 muß heißen: B. 3, 1, 36 (Schelt.).

1256

Sch. 4. Die Verw. auf B. 60, 41, 58 ist richtig; man muß sie allerdings in Verbindung mit dem vorangehenden Kap. 57 sehen.

Sch. 5 ist eine Ergänzung zu τιμωρία in Kap. 37, Z. 15. Die Verw. auf die Strafbestimmungen B. 60, 41, 1, letztes Thema (13) und Kap. 56 ist richtig. Statt ὅλον in Z. 6 hieße es besser: ἐν τέλει.

Sch. 6. Die Verw. auf B. 60, 39, 1, letztes Thema ist zu verbessern: Thema 1. Die zweite Verw. bezieht sich nicht auf Kapitalverbrechen, noch auf die lex de sicariis, sondern ist nur ein Zusatz, der bei Hb fehlt. Statt Kap. 16 muß es heißen Kap. 15 = D. 22, 5, 16.

Sch. 8 verallgemeinert die Regel des C. 1, 3, 8, daß Presbyter, die falsch aussagen, nach der actio falsi haften. Die Verw. ist zu ergänzen: Thema 1.

Sch. 10. Die Verw. auf B. 9, 3, 32, zu verbessern: Kap. 33 (Schelt.), ist wörtlich zitiert bis auf das „ἐπὶ χρημάτων", welches in der Stelle nicht enthalten ist. Das „ἐπιδόσει" in Z. 19 ist wie in B. 9, 3, 33 zu trennen: „ἐπὶ δόσει".

1257

Sch. 14. Die Verw. auf B. 60, 41, 1 über falsch aussagende Diakone oder Priester ist falsch. Hier muß B. 3, 1, 36 gemeint sein (siehe S. 1255, Z. 26ff.); B. 60, 41 enthält darüber nichts.

B. 21, 1, 38. Sch. 1 sagt, Kap. 38 wiederholend, daß der, der falsches Zeugnis ablegt (und dafür bestraft werden soll) nicht die praescriptio fori, die Einrede des falschen Gerichtsstandes geltend machen kann. Dazu ist richtig auf C. 4, 20, 14 (die hier zugrunde liegende Stelle) und C. 4, 20, 15, zu ergänzen: Thema 3, verwiesen. Die Parallelverw. auf C. 3, 25, 1, ist von Schelt. verbessert.

Sch. 2 ruft in Erinnerung, daß man die praescriptio fori nur am Anfang des Prozesses vorbringen kann.

Sch. 3 gibt den Inhalt von Kap. 38 mit anderen Worten wieder.

Sch. 4 zeigt, wie S. 1255, Sch. 4 am Ende und Sch. 5, die Rechtsentwicklung im Zivilprozeß von der Zeugnisfreiheit in der Zeit des Corpus Juris zum Zeugniszwang in den Basiliken auf.

B. 21, 1, 39. Die Const. 15 wurde wörtlich übersetzt als Kap. 39 in die Basiliken aufgenommen.

Sch. 1, welches offenbar ein altes Codex.-Sch. ist, gehört seinem Inhalt nach nicht zu Kap. 39, sondern zu Kap. 38. Dafür spricht auch die erste Verw. auf Const. 15, der vorliegenden Stelle; denn wenn ein zugrunde liegendes Kap. in einem dazugehörigen Sch. erwähnt wird, so wird nie mit der Zahl verwiesen, sondern es hieße z. B. hier: ἡ παροῦσα διάταξις. Die Verw. in Z. 29, auf C. 1, 3, 20, daß falsche Zeugen körperlich bestraft werden, muß heißen: C. 1, 3, 8, 1. So auch Hb. Die folgende Verw. auf C. 9, 42, 3 ist richtig. Hier irrte Hb, bei dem auf Titel 41: de quaestionibus verwiesen ist.

Die Verw. auf Nov. 90 ist zu ergänzen: c. 1, 1.

1258

Sch. 2 verweist auf B. 60, 50, 33, zu verbessern: Kap. 32. Die Stelle ist wörtlich zitiert. Die διασημότατοι in Z. 2 sind mit „perfectissimi“ zu übersetzen, die ἐξοχώτατοι mit „eminentissimi“. Es sind dies nach der auf Marc Aurel zurückgehenden Einteilung der Beamtenhierarchie die unter den clarissimi stehenden Beamtenstufen.

Die Verw. in Z. 6 auf B. 60, 50, 30, ist zu verbessern: Kap. 29 (Hb). Die Zitierung der Stelle ist verkürzt.

Die Verw. auf B. 60, 39, 32 ist zu verbessern: Kap. 28 (Hb). Die Stelle ist bis zur Hälfte wörtlich zitiert.

Sch. 3, welches sich auf Z. 17ff. von Kap. 39 bezieht, verweist auf C. 1, 46, 19, daß niemand seine Familie verleugnen darf. Die Buchangabe 1 ist bei Hb offengelassen. Hier kann nur C. 8, 46, 9 gemeint sein: „Nec filium negare cuiquam esse liberum . . .“, obgleich diese Stelle nicht generell verbietet, sein genus zu verleugnen, sondern nur dem Vater, einen Sohn zu verleugnen.

Die Verw. in Z. 17 auf Const. 18 ist nicht auf den vorangehenden Satz bezogen, daß eine öffentliche Urkunde an sich beweiskräftig ist und keine Zeugen erfordert. Trotzdem ist diese Verw. als richtig anzusehen, da sie hier in den Zusammenhang des Sch., die Bewertung von Zeugen gegenüber Urkunden, hineinpaßt (siehe auch die Sch. zu Kap. 25, insbesondere Sch. 1).

Die folgende Verw. auf C. 8, 53, 31 bezieht sich dagegen auf den vorangehenden Satz, besonders das pr. Die Verw. in Z. 18 auf τὴν περὶ συμβολαίων νεαρὰν ist nicht, wie Schelt. hinzugefügt hat, Nov. 49, sondern Nov. 73 (wie Hb), hier vor allem die Praef. und c. 5.

Bei der Verw. auf Nov. 90 ist c. 2 zu ergänzen. Z. 19 enthält eine Verw. auf ein Sch. des gleichen Verfassers, von dem auch das vorliegende Sch. 3 stammt: „Erinnere dich dessen, was wir dir am Ende von Const. 10 gesagt haben, daß der, der irgendeine Urkunde unterschrieben hat, gezwungen wird, zu sagen, was er darüber weiß.“ Das steht zu Const. 10 in keinem Zusammenhang und ist auch in den bisher bearbeiteten Sch. nicht zu finden.

Das verwiesene Sch. muß ein altes Corpus Juris-Sch. sein, da Sch. 3, aus dem heraus verwiesen ist, selbst ein solches ist, wie die zehn darin enthaltenen Verw. ausnahmslos zeigen. Offenbar ist das hier verwiesene Sch. nicht in die Basiliken-Scholien aufgenommen worden und dadurch für uns verloren.

Auch Z. 23f. enthält eine Verw. auf ein Sch. zu C. 4, 2, 5. Dies kann unter den Sch. zu B. 23, 1, 49 = C. 4, 2, 5 zu finden sein, wenn auch die Parallele zwischen der dort behandelten Bürgschaft und der Zeugenunterschrift unter eine Urkunde sehr weit gegriffen scheint. Unter den Sch. zu B. 23, 1, 49 ist auch keines, das annähernd in diesen Zusammenhang passen würde, auch nicht Sch. 9. Man kann daher nicht mit Sicherheit sagen, ob die Verw. an sich falsch ist, oder ob das verwiesene alte Sch. verlorengegangen ist.

Z. 24f. enthält eine weitere Verw. auf die Sch. zu C. 4, 21, 22 = B. 22, 1, 80. Hier ist allgemein auf die Sch. verwiesen und nicht, wie bei den beiden vorhergehenden, auf ein bestimmtes Sch. des Verfassers des Sch. 3 („Worüber ich dort gesagt habe . . .“). Diese Verw. ist als richtig anzusehen; denn die Sch. zu B. 22, 1, 80 sind insgesamt eine inhaltliche Ergänzung zu Sch. 3, wenngleich nur Sch. 2 und 3 mit Sicherheit zur Zeit des Verfassers des vorliegenden Sch. existieren konnten und man nicht weiß, wie viele alte Sch. zu C. 4, 21, 22 verlorengegangen sind.

Die Verw. in Z. 26 auf C. 9, 22, 19 ist von Schelt. verbessert.

Die Verw. am Ende, von Schelt. mit Nov. 49 angegeben, muß, wie oben in Z. 18, Nov. 73 heißen.

Sch. 5. Die Verw. auf C. 2, 21, 7 ist von Schelt. verbessert und ergänzt.

1259

Sch. 6 bezieht sich auf Z. 23ff. des Kap. 39: daß derjenige, der auf Prüfung der Familienzugehörigkeit klagt, vor allem schwören muß, daß er glaubt, sein Gegner sei nicht mit ihm verwandt. (Und nach diesem Schwur kann er sein Erbe antreten.)

Hier sagt nun der Scholiast, „daß, wenn der, von dem der Beweis gefordert wird, nicht erben will, sondern die Erbschaft ausschlägt, er nicht zum Schwur gezwungen werden kann. Denn jedem steht frei, das, was zu seinem Vorteil hervorgebracht wird, zu verschmähen."

Und er stellt dann die Frage, ob jener auch ohne Schwur gezwungen werden muß, die Verwandtschaft zu beweisen. Offenbar hat sich der Scholiast hier seinen eigenen Sachverhalt zu weit konstruiert; denn er gibt auf die Frage keine Antwort, sondern bringt den für einen Juristen sehr denkwürdigen Satz: „Du aber beachte das Gesetz (die Basiliken) und nicht diese Überlegung!" Dann gibt er aber mit der Verw. auf B. 45, 1, 14 ein Beispiel für die oben angestellte Überlegung.

Sch. 7. Die Verw. auf B. 10, 4, 57 entspricht derjenigen in Sch. 5 auf C. 2, 21, 7. Dann folgt, wie am Ende von Sch. 6, wieder die Verw. auf B. 45, 2, 14.

Ebenfalls richtig in diesem Zusammenhang ist die Verw. auf B. 48, 20, 27, wenngleich hier Kap. 37, wie bei Hb, ebenfalls möglich wäre.

Sch. 9 beschäftigt sich mit dem gleichen Problem, wie Sch. 6. Hier ist wiederum in Z. 19 u. 21 auf B. 45, 2, 14 und B. 10, 4, 57 verwiesen und gleichzeitig aus diesen Stellen zitiert.

Sch. 10 gibt Z. 27ff. in Kap. 39 wieder. Am Ende ist auf die alten Sch. zu Kap. 28 verwiesen. Es sind dies die Sch. 1. 2 u. 3.

Sch. 11 hat Kommentarcharakter. Der Verfasser legt das ἀρκούμεθα τρισὶ μάρτυσιν in Z. 28 so aus, daß hier die drei in der Urkunde unterzeichnenden Zeugen gemeint sind, und er wendet sich gegen die Meinung anderer Juristen, die neben den Urkundenzeugen noch drei weitere fordern.

In Z. 32 verweist er, wie Sch. 10, auf Kap. 28 und die dazugehörigen alten Sch. In Z. 33 ist wiederum auf ein Sch. des Anatolios verwiesen (siehe S. 1253, Z. 18), welches mit den in Sch. 10 u. 14 gebrachten Anatolioszitaten in Verbindung stehen mag, als Ganzes aber in den Sch. zu diesem Titel nicht zu finden ist, da es wahrscheinlich verlorengegangen ist.

1260

Sch. 12. Die verwiesene Stelle B. 22, 1, 10 ist wörtlich zitiert.

Sch. 15 sagt, daß (nach Kap. 39, S. 1022, Z. 1ff.) auch diejenigen, die von der Zeugnispflicht befreit sind, als Zeugen auftreten müssen, wenn sie eine Urkunde als Zeuge unterschrieben haben, und es später in der betreffenden Sache zum Prozeß kommt. Die Verw. auf Kap. 8 und 40 ist zu verbessern: Kap. 7 (= Dig. 8) und 40. Diese beiden Stellen zählen Personen auf, die von der Zeugnispflicht befreit sind.

Sch. 16 sagt: „Beachte das Lebensalter, wenn es um den Beweis der Verwandtschaft geht!“ Dann ist auf Nov. 90c. 2 verwiesen, eine der wenigen Nov.-Angaben dieses Titels mit Kap.-Angabe. Diese Verw. bezieht sich jedoch nicht auf den vorangehenden Satz, sondern auf die Bewertung von Urkunden gegenüber Zeugen. Eine zu dem vorangehenden Satz passende Stelle ist in Nov. 90 nicht enthalten.

Die Verw. in Z. 13 in das vorangehende Buch C. 3, 5, 45 kann nicht richtig sein. Die dazugehörige Bas.-Alternative auf B. 10, 4, 57 ist in den vorangehenden Sch. 5. 7 u. 9 enthalten. Die Codex-Verw. ist daher zu verbessern: C. 2, 21, 7.

Sch. 20. Die in der Kap.-Angabe offengelassene Verw. ist zu ergänzen: B. 7, 5, 27.

Sch. 24. Die Verw. mit offengelassener Buch- und ohne Titelangabe auf Kap. 39 ist nicht zu bestimmen. Sicher handelt es sich nicht um das vorliegende Kap. 39. Auch für eine Ergänzung der beiden Textlücken im Sch. ergibt sich kein Anhaltspunkt.

B. 21, 1, 40. Sch. 1. Die Verw. auf C. 4, 20, 8 u. 12 ist richtig; doch zeigt sie, daß der Verfasser hier nur im Rahmen des Codex dachte, da er weitere hier notwendige Verw., wie z. B. auf B. 21, 1, 7 = D. 22, 5, 8 nicht brachte (siehe Sch. 15 zu Kap. 39).

Daß niemand gezwungen werden kann, Testamentszeuge zu sein, ist weder in C. 6, 23, 29 noch im übrigen Teil des Titels 23 zu finden. Diese Verw. könnte allenfalls durch B. 35, 1, 21, 10 (Hb) = D. 28, 1, 20, 10 ersetzt werden.

1261

Sch. 2. Die Verw. auf C. 4, 20, 15 ist von Schelt. verbessert; zu ergänzen: Thema 7. Die Basilikenalternative auf Kap. 38 muß nach unserer Zählweise in Kap. 39 verbessert werden. Dem Sch. liegt, sofern es sich nicht um einen Schreibfehler handelt, eine Zählweise zugrunde, die das ausgelassene Kap. 26 nicht überspringt.

Sch. 3 verweist auf Kap. 32 u. 25. Nur das erstere, zu verbessern in Kap. 33, läßt sich zu dem aus Kap. 40 zitierten Satz: ἢ ὀμνύειν, ὡς οὐκ ἐπίσταται, in Beziehung setzen. Weder Kap. 25 noch das ausgelassene C. 4, 20, 2 noch irgendein anderes dieses Titels kommt hier in Betracht. Das „καὶ κε'“ muß daher entfallen.

Die Verw. auf B. 35, 5, 30, 5 ist unklar, da diese Stelle nicht existiert und im Titel 5 auch nichts in diesen Zusammenhang paßt. Hier kann unter Berücksichtigung des vorangehenden Sch.[165] allenfalls B. 35, 1, 21, 10 (Hb) gemeint sein[166].

[165] Bei Hb sind Sch. 2 u. 3 zusammengefaßt.

[166] Siehe auch Sch. 1 zu Kap. 40.

Sch. 6. Die Verw. in Z. 21 auf B. 21, 1, 22, 2 bezieht sich auf „οἰκειακῶν μαρτύρων"; sie muß daher in Kap. 27 verbessert werden.

Sch. 8. Die Verw. auf die Nov. 90 ist zu ergänzen: c. 8, „. . . qui ante mediatores sunt ipsis, . . ."

1262

Sch. 10. Die Verw. in Z. 5 auf Const. 18 ist als richtig anzusehen, obwohl diese Stelle zu dem vorangehenden Satz in keiner Beziehung steht; denn auch die folgende Verw. auf Nov. 90, die teilweise inhaltlich wiedergegeben ist, steht dazu in keiner Beziehung. Bei Nov. 90 ist zu ergänzen: c. 9 (2. Satz).

Sch. 11. Die Frage am Anfang über die Aussage der συγκλητικοί in Const. 15 bezieht sich auf Const. 15, 2. Es folgt die Verw. auf B. 6, 1, 12, 2 mit der Definition der συγκλητικοί, die wörtlich zitiert ist. Thema 2 entfällt hier, da das Kap. keine Untereinteilung hat (Schelt.).

Sch. 12 bringt zum Beleg dessen, daß im Strafprozeß nur die persönliche Zeugenbefragung in Betracht kommt, zwei Verw. aus dem vorliegenden Titel. Die erste auf Kap. 3, 3 ist richtig. Die zweite auf Kap. 47 am Ende ist zu verbessern: Kap. 50 am Ende (Z. 9ff.).

Sch. 13. Die Verw. auf B. 22, 1, 18 ist offenbar durch einen Hörfehler beim Diktieren entstanden; denn es muß heißen B. 22, 1, 80, 7ff. Hier ist die Urkundenparallele zu dem vorangehenden Satz zu finden.

1263

Sch. 20 verweist zu ὑπερβεβηκότων in Z. 9 von Kap. 40 auf Kap. 25. Diese Stelle kann jedoch zur näheren Erklärung des Begriffs höherer Würdenträger nicht dienen. Die Verw. muß heißen: Kap. 39 (Z. 5f.) = Const. 15.

B. 21, 1, 41. Sch. 1 gibt den Anfang des Kap. 41 mit anderen Worten wieder und verweist auf Nov. 49, daß niemand eine Urkunde von eigener Hand verwerfen und ablehnen darf. Nov. 49 ist zu ergänzen: c. 2, 1.

Sch. 2 'Η τοῦ κγ'. κεφ. ἑρμηνεία; gemeint ist: Sch. 1 zu Kap. 22. Sch. 2 sagt, daß das dort Gesagte nach Kap. 41 nicht richtig ist. Dort hatte der Verfasser aus Kap. 22 falsch abgeleitet, daß einer, der einmal gegen einen anderen ausgesagt hat, nicht in einem anderen Falle für diesen aussagen kann.

Sch. 4 ergänzt Z. 17ff. in Kap. 41 (ἔχθραν γενομένην). Die Verw. auf Kap. 26 ist zu verbessern: Kap. 20, 3 (ὑπονοίας ἔχθρας). Die dem fehlenden Kap. 26 entsprechende Const. 2 kommt hier keinesfalls in Betracht.

B. 21, 1, 42. Sch. 1 verweist zum ersten Satz von Kap. 42 auf B. 23, 1, 36, zu verbessern: Kap. 37 und die dazugehörigen Sch. des Thalelaios. Es sind dies die Sch. 1 u. 2 (Schelt. B IV S. 1565).

Sch. 2. Die Verw. auf Kap. 46 gegen Ende muß heißen: Kap. 45 am Ende: daß zwar durch ihre Religionsangehörigkeit verdächtige Personen nicht vor Gericht gegen Orthodoxe aussagen können, in Verträgen etc. jedoch immer Zeugen sein können.

Sch. 3. Mit der Verw. in Z. 30 auf Kap. 2 ist Kap. 12 gemeint.

1264

Sch. 4 sagt demgegenüber, daß zur Darlehnsbegründung fünf Zeugen erforderlich sind. Dann ist auf Kap. 43 in der Mitte verwiesen, zu verbessern: das vorliegende Kap. 42, Mitte.

Sch. 5 verweist richtig auf D. 22, 5, 12; die Stelle ist fast wörtlich zitiert. Die Bas.-Alternative muß nach unserer Zählweise in Kap. 11 verbessert werden. Offenbar ist die Alternativverw. beigefügt worden, ehe lex 7 aus dem Bas.-Titel herausgelassen wurde.

Sch. 6 sagt, daß nach der zugrunde liegenden Stelle (C. 4, 20, 18) fünf Zeugen erforderlich sind. Dann folgt ein Zitat aus einem Thalelaios-Sch., daß nicht unbedingt fünf, sondern auch zwei Zeugen genügen können. Dieses Zitat ist in den Thalelaios-Sch. dieses Titels nicht zu finden, auch nicht in den Sch. zu B. 23, 1, 37 auf die in Sch. 1 zu Kap. 42 verwiesen ist.

Die Verw. am Ende mit Zitat auf Kap. 12 ist zu verbessern: Kap. 11 (vgl. Sch. 5).

Sch. 7. Mit der Verw. in Z. 17 auf Kap. 46, 2 u. 3 kann nur das vorliegende Kap. 42 gemeint sein. Hier fällt auf, daß der Verf. eine Thema-Einteilung benutzte, die uns in den aus dem Codex und den Nov. entnommenen Kap. in Pa. nicht bekannt ist.

Sch. 9 ergänzt καταβολῇ in Z. 4 von Kap. 42. Die offengelassene Verw. am Ende ist schwer zu bestimmen. Sie ist entweder im Zusammenhang mit Kap. 25 oder Kap. 11 zu suchen. Sch. 1 zu Kap. 25 verweist zu καταβολῇ auf C. 4, 20, 18 = das vorliegende Kap. 42. Da die anderen in den Sch. zu Kap. 11 und 25 vorkommenden Verw. hier nicht passen würden, ist eine Ergänzung der Lücke in: τοῦ παρόντος κεφ. nicht abwegig, zumal, wie bei Sch. 7 festgestellt, in Kap. 42 einmal eine Themaeinteilung vorgelegen haben muß, und die Verw., wenn man Kap. 42, Z. 9ff., als Thema 2 ansieht, inhaltlich gut paßt (vgl. zu Sch. 7).

1265

B. 21, 1, 43. Sch. 3 bezieht sich nicht, wie Schelt. App. zu Kap. 43, auf Z. 14, sondern auf Z. 26ff. von Kap. 43. Die Verw. auf C. 7, 62, 6 ist zu ergänzen: Thema 2.

Sch. 4 von Kritos Michael ist das bisher sprachlich jüngste Sch. dieses Titels. So ist in Z. 14 u. 16 εἰς κεφ., statt wie bei den Älteren ἐν κεφ., verwiesen; das deutet auf eine starke sprachliche Nähe zum Neugriechischen hin, wo ἐν zugunsten von εἰς verschwunden ist.

Die Verw. auf Kap. 40 ist richtig, desgleichen die Verw. auf B. 22, 1, 79, die in Verbindung mit Kap. 80 zu sehen und teilweise wiedergegeben ist.

Sch. 5 gibt zum Teil den Inhalt von Kap. 43 wieder. Die Verw. in Klammern sind keine Belege des Gesagten, sondern Parallelverw. Diejenige auf B. 7, 8, 2 zeigt die Parallele „de in ius vocando“ zur Ladung eines Zeugen gegen seinen Willen auf. Außerdem besteht hier noch die Ausdrucksparallele: Kap. 43, Z. 17, μὴ ἐμβαλλέσθω δεσμωτηρίῳ zu B. 7, 8, 2, ἐμβάλλειν εἱρκτῇ.

Die Verw. auf B. 60, 21 mit offengelassener Kap.-Angabe ist schwerlich in diesem Titel: de iniuriis et famosis libellis zu suchen. Hier käme allenfalls in Verbindung mit der vorangehenden Verw. Kap. 13, 3 in Betracht: Wer einen durch Hybris und Belästigung vor Gericht gerufen hat, haftet nach der actio iniuriarum. Mit der Verw. am Ende auf Kap. 48, 2 ist Schelt. A III S. 1027, Z. 4ff. gemeint. Die Themaangabe 2 entfällt (vgl. oben S. 1264, Z. 17).

Sch. 6. Die Verw. auf Const. 16 ist zu ergänzen: Thema 1.

1266

B. 21, 1, 44. Sch. 1. Die Verw. in Z. 16 auf C. 2, 55, 5 ist zu ergänzen: Thema 3 u. 4. Das über die Verw. geschriebene οὐ κεῖται (Schelt. App.) ist also falsch. Dagegen ist das οὐ κεῖται bei der folgenden Verw. auf Titel 42, 6 am Platze; denn, daß man auch die schriftlich niedergelegten Aussagen verstorbener Zeugen benutzt, ist weder in C. 2, 42 noch in C. 4, 42 zu finden. Bei Hb ist dieser Satz falsch in C. 2, 55, 5 verwiesen. Die Verw. muß lauten: C. 4, 20, 20 = das vorliegende Kap. 44 (Z. 16). Mit C. 6, 32, 2 ist auf den Parallelfall der Testamentseröffnung an einem anderen Orte verwiesen.

Sch. 3. Die Verw. nach der „consuetudo“ auf C. 2, 55, 5 entspricht der ersten in Sch. 1, hier zu ergänzen: Thema 4: Tatsachen, die vor einem iudex compromissarius bewiesen wurden, haben auch vor einem ordentlichen Gericht Beweiskraft.

1267

Sch. 4 bezieht sich auf Z. 9ff. des Kap. 44 und verweist auf ein Sch. des Stephanos zu B. 22, 5, 12. Hier[167] ist das ⟨ι⟩ β′ falsch ergänzt; denn es muß heißen: Sch. 1 zu B. 22, 5, 2. Das Sch. behandelt den Eid beim Vergleich gegenüber dem mit Urteil endenden Verfahren und ist hier als Parallele zur Beweiswürdigung beim Schiedsgericht gegenüber dem ordentlichen Gericht anzusehen, wenngleich es zum vorangehenden Kap. 43 (Z. 17f.) besser passen würde.

[167] Zu B. 22, 5, 12 sind keine Sch. erhalten. In Sch. 16 zu B. 22, 5, 11 ist auf ein nicht lokalisiertes Sch. des Stephanos verwiesen. Möglich wären hier auch die Sch. 2 u. 4 zu B. 22, 5, 1; doch ist auch hier keine nähere Parallele zu dem Vorliegenden gegeben, als bei Sch. 1 zu B. 22, 5, 2.

Sch. 5. Die Alternativverw. auf D. 22, 5, drittletzte lex (23) oder Kap. 23 muß nach unserer Zählweise in der Bas.-Angabe auf Kap. 22 verbessert werden. Das Sch. sagt, diese Vorschrift stehe mit der vorangehenden nicht in Widerspruch, obgleich hier die vorliegende gemeint sein muß. Das πρὸ ταύτης in Z. 11 muß daher in παρούσῃ geändert werden.

Sch. 11. Hier gilt das zu Sch. 4 Gesagte. Die Verw. muß heißen: Sch. 1 zu B. 22, 5, 2.

1268

B. 21, 1, 45. Die Sch. zu Kap. 45 geben eine interessante Aufzählung und teilweise Darstellung der damaligen Religionsgemeinschaften und sind auch für deren zeitliche Existenz aufschlußreich, da sie teilweise aus dem 6. Jh. und teilweise aus der Zeit nach Abfassung der Bas. stammen.

Sch. 1. Die Verw. auf Nov. 45 ist zu ergänzen: c. 1 (wie bei Hb). Danach sagt Theodorus, daß die Hebräer nicht zu den „Gottlosen" zu zählen seien; dieser Meinung sei Stephanos, sein Lehrer, gewesen.

Sch. 4 verweist auf B. 1, 1, 20, welches teilweise zitiert ist. Die Verw. in Z. 34 auf B. 1, 1, 26 ist nach dem Zitat in Kap. 27 (Schelt.) zu verbessern.

1269

Danach folgt eine Verw. auf ein Sch. des Theodoros zu B. 1, 1, 1, welches dem Zitat nach zu Satz 2 gehört haben muß. Die Sch. zu B. 1 sind uns nicht erhalten.

Zu dem Zitat des Theodoros, daß die Manichäer aus jeder Stadt ausgewiesen werden sollen, ist richtig auf B. 1, 1, 21 (1. Satz) verwiesen; die Verw. auf B. 1, 1, 24, daß man sie, wo immer man sie trifft, umbringen soll, muß in Kap. 25 u. 26 (Schelt.) verbessert werden.

Sch. 5 verweist auf das letzte Sch. zu B. 1, 1, 16 am Ende, daß die Borboriten ein Teil der Manichäer seien.

Hier sind weder B. 1, 1, 16 noch die Sch. erhalten. Schelt. deutet bei B. 1, 1, 16 die Möglichkeit an, daß diesem Kap. C. 1, 11, 10, §§ 2—7 zugrunde gelegen hat. Für diese Vermutung kann nun, zumindest bezüglich § 7, die Verw. in Sch. 5 als Beweis dienen; denn in C. 1, 11 10, 7 steht, wie in Sch. 5, das auf B. 1, 1, 16 am Ende verweist, daß die Borboriter ein Teil der Manichäer seien. Dieses Sch. ist somit als Anhaltspunkt zur Rekonstruktion von B. 1, 1, 16 zu benutzen, zu der sich Schelt., der Sch. 5 im App. zu B. 1, 1, 16 anführt, jedoch nicht entschließen konnte. Hb hat hier demgegenüber falsch C. 1, 11, 6 zugrunde gelegt.

Sch. 7 verweist dazu, daß die Nestorianer den jüdischen Glauben als Unsinn bezeichnen, auf B. 1, Kap. 40. Die Nestorianer sind aber nur in B. 1, 1, 22 = C. 1, 5, 6 (und in C. 1, 5, 8 pr.) erwähnt, wo sich dieser Satz nicht findet. Es wird hier wohl ein Sch. zu B. 1, 1, 22 gemeint sein.

Sch. 8 verweist richtig auf B. 1, 1, 11. Der „Heide oder Ungetaufte“ ist in Kap. 11 nicht aufgeführt. Diese waren wahrscheinlich in dem mitverwiesenen Sch. des Thalelaios enthalten, welches uns, wie alle Sch. zu diesem Titel, nicht erhalten ist.

1270

Sch. 13. Die Verw. auf B. 1, 1, 20 ist identisch mit der ersten in Sch. 4. Weiter ist auf die dazugehörigen alten Sch. verwiesen, „aus denen man etwas über die Häresien der Manichäer und Donatisten erfahren kann“.

Die Verw. auf B. 1, 1, 21 ist die gleiche, wie diejenige in Sch. 4, S. 1269, Z. 2. Dazu ist auf ein Sch. des Thalelaios verwiesen.

Sch. 14 verweist für uns unkontrollierbar auf ein Sch. des Thalelaios zu B. 1, 1, 29 in dem stehen soll, daß man (die Häretiker) bei Verträgen und Quasi-Verträgen als Zeugen zuziehen kann, nicht jedoch vor Gericht.

B. 21, 1, 46. Sch. 1. Die Verw. auf C. 4, 20, 9 ist richtig.

Sch. 2 sagt, daß Wagenlenker nicht unter die in Kap. 46, Z. 11ff. aufgeführten Personen fallen. Die Verw. auf Inst. 2, 18 kann hier nicht richtig sein. Hier ist Inst. 2, 10, 6 in Verbindung mit D. 22, 5, 3, 5 gemeint.

Sch. 3. Die Verw. auf C. 4, 20, 13 u. 15 ist zu ergänzen: Const. 13 pr. und 15 pr.

1271

Sch. 5. Die Verw. auf B. 60, 50, 14 u. 15, 2 ist zu verbessern: Kap. 14, 1 (Hb); Kap. 15, 2 entfällt; die Stelle ist wörtlich zitiert. Die Verw. auf B. 60, 50, 18, 3 muß heißen: Kap. 17, 3 (Hb) = D. 48, 18, 18, 3, welches ebenfalls zitiert ist.

B. 21, 1, 47. Sch. 1. Die beiden Verw. auf C. 4, 20, 18 und C. 4, 20, 1 sind richtig. Die gleichen Gedanken sind in den Sch. zu diesen Stellen mit Verw. auf Nov. 90 c. 2 = B. 21, 1, 47 behandelt.

Sch. 3, von Schelt. auf Kap. 47, Z. 12ff. (ταβουλλάριοι) bezogen, wird bei Hb[168] auf Kap. 48, Z. 23ff. bezogen.

Die Verw. in Z. 26f. auf C. 4, 20, 4 kann nicht zutreffen; denn daß ein Zeugnis in eigener Sache nicht zulässig ist, ist dort nicht gesagt und ist auch nicht aus Const. 7 zu entnehmen. Die richtige Verweisung wäre: D. 22, 5, 10. Der Verfasser hat aber hier dem Wortlaut nach Sch. 1 zu B. 21, 1 28 = C. 4, 20, 4 (von Theodoros) gemeint.

Die lange Alternativverw. in Z. 30f. steht zu dem vorangehenden Satz insofern in Zusammenhang, als auch in diesen Stellen Beweiswert und Würdigung verschiedener Beweismittel gegeneinander abgewogen

---

168 Hb II, S. 420f., Sch. 10) u. 15).

werden. Die Verw. auf C. 4, 21, 9. 13. 14. 15 ist unter diesem Gesichtspunkt richtig. Die Bas.-Alternative auf B. 22, 1, 68. 73. 74. 75 ist zu verbessern: B. 22, 1, 68. 72. 73. 74 (Schelt.).

Sch. 4. Die Verw. auf B. 22, 1, 28 bezüglich eines Streites über ein neues Bauwerk oder eine Grundstücksgrenze ist richtig. Das ὅλων in Z. 32 ist in ὅρων = Grenzsteine zu verbessern[169].

1272

B. 21, 1, 48. Sch. 3 bezieht sich auf Kap. 48, Z. 5ff. Die Verw. in Z. 20 auf Kap. 21, 4 muß heißen: Kap. 20, 3 (Schelt.), desgleichen die gleichlautende Verw. in Z. 25. In Z. 23 heißt es, daß bei Urkunden das Gegenteil (des Vorausgesagten) gilt. Dazu ist richtig auf B. 22, 1, 74 verwiesen. Der anschließende Satz ist dagegen aus Kap. 20, 3 zitiert. Das Kolon am Ende der Z. 23 muß daher einem Punkt Platz machen und das folgende οὐ großgeschrieben werden.

1274

B. 21, 1, 50. Sch. 1. Die beiden Verw. am Ende auf C. 4, 20, 16 und C. 4, 21, 18 als Beispiele der Zeugenvernehmung oder des Urkundenbeweises an einem anderen, als dem Gerichtsort, sind richtig. Die erste ist zu ergänzen: § 1.

B. 21, 1, 51. Sch. 2. Die Verw. auf C. 4, 20, 1, von Schelt. in der Buchangabe verbessert, muß im Const. 8 verändert werden. Die Verw. auf C. 6, 23, 1 ist richtig; das Ende dieser Stelle ist im Sch. wörtlich übersetzt.

Sch. 4 von Nomophylax ist echter Kommentar, der sich mit den Meinungen des Theodoros von Hermopolis und Athanasius zu Kap. 51 = Nov. 90 c. 6 auseinandersetzt[170], welche in den vorangehenden Sch. ersichtlich sind.

1275

Die Verw. in S. 1275, Z. 3, auf die Inst., daß die Sklaverei keine Gradunterschiede hat, ist zu ergänzen: Inst. 1, 3, 4.

Sch. 5. Die Verw. auf Nov. 49 v. Leo Philosophos, daß Sklaven nicht Zeugen sein können, ist richtig (Nov. 49 Leo. Phil. Satz 2).

B. 21, 1, 52. Sch. 1 bezieht sich auf ἀπεχθῇ in Kap. 52, Z. 23. Die Verw. auf Kap. 3 ist zu ergänzen: pr.; diejenige auf Kap. 40 ist zu verbessern: Kap. 41 (Satz 2).

Die Verw. auf B. 29, 1, 1 am Ende ist zu verbessern: Kap. 74, 2 am Ende, dazu, auf das Zeugenrecht bezogen, Sch. 8 von Anonymos.

Die Verw. auf B. 60, 51, 39 ist zu verbessern: Sch. 2 zu B. 60, 51, 35 = D. 48, 19, 39. Bei beiden Verw. sind wohl die Sch. und nicht der Bas.-Text gemeint.

---

169 Siehe Hb II, S. 420, App. w.

170 Vgl. Hb VI (Prolegomena) S. 198, wo dieses Sch. behandelt ist.

B. 21, 1, 53. Sch. 2. Die Verw. auf C. 4, 20, 16, zu ergänzen: pr., ist als Parallele zu Kap. 53 richtig.

Die Verw. auf B. 9, 1, 41 muß richtig lauten: Kap. 53 (wie Hb); die Stelle ist im Sch. mit etwas geänderten Worten wiedergegeben. Das Sch. ist ein Beispiel dafür, daß „ὅ φησιν·" in einem Sch. nicht unbedingt ein wörtliches Zitat einleiten muß.

1276

B. 21, 1, 54. Sch. 1. Die Verw. auf C. 4, 20, 16, zu ergänzen: § 1, ist richtig. Die Stelle behandelt wie Kap. 54 die Zeugenvernehmung an einem anderen, als dem Gerichtsort.

Sch. 2. Gleichfalls richtig ist die Verw. B. 60, 3, 40. Die Stelle ist in Z. 13ff. des Sch. wörtlich zitiert.

Sch. 3. Die Verw. auf Kap. 47 muß heißen: Kap. 50 (Schelt.) (so auch Hb, bei dem hier in Nov. 90 c. 5 = Kap. 50 verwiesen ist). Das Sch. erklärt dann den Unterschied der beiden Kap.: in Kap. 50 handelt es sich um Beweiserhebung an einem anderen Orte nach Prozeßbeginn, in Kap. 54 vor Prozeßbeginn.

Sch. 4. Die Alternativverw. bezüglich Vertagung und Fristen auf C. 3, 11, 1 oder B. 7, 17, 11 ist richtig. Die Bas.-Stelle ist bis auf Thema 2 wörtlich zitiert. In Z. 31 fehlt gegenüber Kap. 11, 1 hinter dem ersten Komma das „φησὶ (ταῦτα τυγχάνειν)".

1277

Sch. 5. Die Verw. auf B. 7, 17, 13 ist zu verbessern: Kap. 12 (Schelt.). Die Stelle ist wörtlich zitiert.

Sch. 6 ist ohne Angabe einer Verw. das wörtliche Zitat von B. 7, 17, 13.

D. EMENDATIONSREGISTER

(In der Reihenfolge der Seiten von Schelt. B IV)

Seite 1221 (Schelt. B IV)

Zeile 17 θεμ. ϛ'. ζ'. η'.] θ'. ι'. (Hb)
18 καταδικασθείς] κατακριθείς
25 κεφ. ϟδ'.] δ'. (siehe Schelt. App.)
25f. B. 60, 25, 5, 8 u. Kap. 8. 14. 20] B. 60, 21, 5, 8 u. B, 60, 26, 2 u. 5

Seite 1222

Zeile 14 θεμ. τελευτ.] ergänzen: Thema 9—11
14f. θεμ. ια'.] entfällt
19 κεφ. ιϛ'.] ιγ'. (letzter Satz) = Nov. 123 c. 7
27 η'. κεφ. καὶ θ'.] κεφ. ι'.
33 κεφ. η'.] erg. κεφ. ζ'.
34 κεφ. μϛ'.] ν'. (letzter Satz)
35 ϛ'. θεμ.] entfällt

Seite 1223

Zeile 33 κεφ. π'.] erg. Sch. 10 zu B. 22, 1, 80
35 κεφ. νε'., ξε'.] κεφ. ξγ'. = C. 8, 53, 31, 1

Seite 1224

Zeile 15 κεφ. κε'.] ιε'.
16 κεφ. π'.] erg. Sch. 5 zu B. 22, 1, 80
18 διγ. λ'.] α'. = B. 22, 1, 30
ἐναντιοφανές] 'Εναντιοφανές. Erg. Sch. 2 zu B. 22, 1, 30
21 Die Lücken sind zu ergänzen: B. 60, 1, 10, 4 = D. 48, 16, 1, 4 (siehe S. 1226, Z. 21)
22 Es gelang nicht die Lücke zu schließen (auch bei Hb offen).
23 κε'. κανών] πε'. κανὼν (vgl. 1226, 23)

Seite 1226

Zeile 8 διὰ τὸ π'.] erg. Sch. 5 zu B. 22, 1, 80
9 σκγ'.] σιε'.
11 θ'. θεμ.] ζ'. κεφ.
14 νεαρᾷ] erg. κεφ. ζ'.

15 τιτ. ιθ'. διατ. κα'.] τιτ. κ'. διατ. ιζ'. (pr.)
18 κεφ. μβ'. θεμ. η'.] κεφ. νβ'. (letzter Satz) = Nov. 90 c. 7
20 Die Lücken sind zu erg. βιβ. μη'. τιτ. β'. διγ. ι'.
21 θεμ. ς'.] δ'.
22 Siehe S. 1224, Z. 22
23 κε'. κανὼν] πε'. κανὼν (vgl. 1224, 23)
28 κεφ. ι'.] θ' = D. 48, 18, 10, 5
30 κεφ. ε'. θεμ. ζ'.] κεφ. ιγ'. (θεμ. β'.) 2. Satz
31 δείξει] δείξῃ

Seite 1227

Zeile 16 ι'.] θ' = S. 1226, Z. 28.
28 διγ. α'.] erg. § 4
29 Die Verw. auf die παραγεγραμμένα, Sch. zu D. 48, 16, 1, 4, ist nicht kontrollierbar, da hierzu keine alten Sch. erhalten sind. Die Sch. zu dem entsprechenden B. 60, 1, 10, 4 (Hb) sind ausnahmslos jüngere Sch.
30 διγ. ιε'.] gemeint ist pr.
ἤτοι βιβ. νδ'. τιτ. α'.] entfällt. Eine Übertragung von D. 50, 1, 15 in die Bas. existiert bis jetzt nicht.
31 ἐν τῷ τέλει] θεμ. ε'.

Seite 1228

Zeile 6 κεφ. ι'. θεμ. θ'.] κεφ. θ' θεμ. ε'.
10 νεαρὰ (90)] erg. c. 1, 1
12 θεμ. β'.] pr. oder auch D. 32, 37, 2. Die Verw. ist nicht mit Sicherheit zu definieren, desgleichen nicht die Bas.-Alternative B. 44, 3, 36 oder 38.
13 τιτ. γ'.] β'. erg. D. 38, 2, 14, 5 = B. 49, 4, 11, 5
14 τιτ. β'.] erg. κεφ. κα'.
διγ. ιδ'.] ζ'.
τιτ. ε'.] erg. κεφ. ς'.
14f. C. 8, 7, 27] C. 4, 20, 4. Hier ist wohl Hb zu folgen.
15 β'. διατ.] β'. διγ.
17 'Εναντιοφανῆ] erg. Sch. 2 zu B. 22, 1, 30
26 βιβ. κθ'. διγ. ε'.] Hier muß wohl D. 22, 5, 3, 6 gemeint sein.
27 διατ. ς'] erg. § 2
28 Nov. 90] erg. c. 5
32 περὶ τὸ τέλος] θεμ. β'.

Seite 1229

Zeile 16 διγ. κα'] erg. § 2
21 μη'.] με'. = D. 50, 16, 48

22 σς'.] ση'. = D. 50, 16, 216
27 θεμ. γ'.] β'.
31 κεφ. κ'.] κα'. erg. θεμ. ς'.
33 τιτ. γ'.] ι' (D. 38, 10, 10 pr.)

Seite 1230

Zeile 5 κεφ. ε'. θεμ. β'.] ς'. θεμ. α'.
19ff. Das Hadrianzitat ist D. 22, 5, 3, 6
28 κεφ. οη'.] οθ'.
28f. B. 18, 8, 8, 8] B. 2, 2, 30 = D. 50, 16, 32 (ἧττον — μηδὲ ὅλως)
30f. Das fragmentarische Randscholion 41 bietet keinen Anhaltspunkt zur Ergänzung, weder, was den Text, noch, was die Verw. anbelangt.

Seite 1231

Zeile 2 κεφ. δ'. θεμ. β'.] ς'. θεμ. α'.
5 κεφ. κα'.] κ'.
16 τιτ. ε'] ς'. (Inst. 3, 6, 6) De gradibus cognationis.

Seite 1232

Zeile 5 θεμ. ε'. ζ'.] η'. θ'. ι'.
7 κεφ. ι'.] ζ'.
11 περὶ τὸ τέλος] erg. θεμ. θ'. ι'.
13 γ'. διγ. ε'.] = D. 38, 10, 10 pr.
17 θεμ. δ'.] ε'.
22 τίτλος] erg. C. 9, 41
27 BOBO] Hb δούλων
διγ. ια'.] erg. § 1
31 τιτ. ι'.] erg. §§ 8. 9

Seite 1233

Zeile 1 κεφ. νη'.] ρμα'.
3 κεφ. α'.] erg. κεφ. β'.
θεμ. ζ'.] η'. θ'. ι'.
4 κεφ. ε'] = B. 60, 21, 5 pr.
B. 28, 7, 9] B. 28, 5, 1 (zu ἐγγυτέρου βαθμοῦ)
5 κεφ. θ'.] η'. = D. 38, 10, 9
8 κεφ. ι'.] ζ'. = D. 38, 10, 10
15 Γαριδᾶς] Das Sch. ist nicht auffindbar. Sch. 9 deckt sich nahezu wörtlich mit B. 21, 1, 32 = C. 4, 20, 6.
18 τιτ. γ'.] erg. κεφ. ς'.
19 κεφ. ς'.] η'.
27 κεφ. η'.] ς'.

Seite 1234

Zeile 2f. τιτ. ε'.] erg. § 2
3 θεμ. θ'.] ιϛ'. — κ'. (οἷς ἐν τόπῳ δούλων ἔχομεν).
κεφ. ϛ'] πθ'.
4 θεμ. β'.] α'.
5 ϛ'.] πθ'.
6 θεμ. β'.] α'.
20 κεφ. ε'.] δ'. = D. 50, 6, 5
26 τιτ. η'.] β'. = D. 4, 8, 32, 4
37 θεμ. β'.] α'.
B. 6, 7, 2] Hier kommt allenfalls unter Berücksichtigung des Zusammenhangs mit der vorangehenden Verw. auf B. 9, 1, 60 B. 7, 6, 2 in Betracht.

Seite 1235

Zeile 3 κεφ. ιϛ'.] ιγ'. (letzter Satz) und ιδ'. = Nov. 123 c. 7
9 κ'. θεμ. β'.] κα'. θεμ. γ'.
18 ϛ'.] erg. c. 2 (Satz 3ff.)
25 κεφ. κβ'.] erg. θεμ. β'.

Seite 1236

Zeile 2 α'. διγ.] erg. § 2
33 ναυαγίου = naufragii

Seite 1237

Zeile 1 κεφ. νθ'.] ξα'.
κεφ. τελευτ. περὶ τὰ μέσα] = C. 6, 42, 32 pr. u. § 1
7 κεφ. ϛ'.] ο'. (am Ende)
8 τιτ. ι'. διγ. δ'.] D. 33, 5, 1 = B. 44, 8, 1 (siehe Z. 2)
12 ὁ νόμος ὁ Σέρβιος] Hb. Ῥέμμιος = lex Remmia, ein Gesetz, das die calumnia behandelte und Strafbestimmungen enthält, erwähnt in D. 22, 5, 13. D. 48, 16, 1, 2. Cic. Pro Sexto Roscio Amerino 55.
13 ὁ Ἰούλιος ῥεπετουνδάρουμ] siehe C. 9, 27
14 ὁ Ἰούλιος δεπεκουλάτου] siehe D. 48, 13
24 C. 3, 41, 67] C. 2, 3, 6 oder B. 11, 1, 67
25 ἤτοι ...] βιβ. ϛ'. τῶν. Βασ. τιτ. κδ'. κεφ. η'.
27 διγ. μα'.] μβ'. (pr.)
B. 21, 1, 2] B. 28, 5, 7 pr.
29 διγ. ρμδ'.] gemeint ist pr.

Seite 1238

Zeile 1 β'. θεμ. τοῦ] entfällt
4f. β'. θεμ. τοῦ ε'. κεφ.] α'. θεμ. τοῦ ϛ'. κεφ.
22 erg. D. 28, 1, 20, 6

26ff. Sch. 4 steht zu B. 21, 1, 13 in keinerlei Zusammenhang. Es kann allenfalls als Erläuterung zu B. 21, 1, 3, 5 gehören.

26f. Kanon der Palastsynode in Konstantinopel = Kanon 51 der 6. Ökumenischen Synode (wörtlich zitiert). Vgl. 1224, 23. 1226, 23.

Seite 1239

Zeile 10 κεφ. β'.] κδ'. (ἔρρωται ἡ διαθήκη)

14 κεφ. α'. θεμ. β'.] κεφ. κδ'.

19 διγ. κ'.] erg. D. 28, 1, 20, 5

20 erg. B. 35, 1, 21, 5

22 παρατέλευτον θεμ. τοῦ κ'.] ε'. θεμ. τοῦ κα'.

23 τιτ. ν'. κεφ. ιζ'.] τιτ. μγ'. κεφ. ς'. θεμ. α'.
Siehe dazu S. 1240, Z. 16: D. 48, 11, 6, 1 = B. 60, 43, 6, 1.

24 τιτ. ι'.] erg. § 6
κεφ. κς'.] κζ'. = D. 28, 1, 26

26 Siehe Z. 24

27 ὡς ὁ ς'. τιτ. φησίν,] Hb. ὡς ὁ Στέφανός φησιν.
Hier war kein in Betracht kommender Titel 6 auffindbar. Hb hat wohl mit seiner Lesart ς'. τιτ = στέφ. recht. Demnach ist hier in ein Sch. des Stephanos verwiesen. Diese Auslegung wird durch die folgende Zeile unterstützt.

28 Θεοφίλου τιτ.] = Sch. Theophilos.
Es handelt sich um Buch 2, 10, 6 der Institutionenparaphrase, die zu dieser Zeit schon Theophilos zugeschrieben wurde.

30 τὸ αὐτὸ βιβ.] erg. B. 35, 1, 21, 3 u. κεφ. 27 mit 17 pr.

31 ἰνστιτουτίων] erg. Inst. 2, 10, 7

Seite 1240

Zeile 12 θεμ. δ'.] ε'.

13 κεφ. κ'. θεμ. δ'.] κα'. θεμ. ε'.

14 ἤτοι ...] erg. B. 6, 1, 2

16 ἤτοι ...] erg. B. 60, 43, 61

19 Siehe Z. 13

21 βιβ. μγ'.] τιτ. μγ'. Die hier wörtlich zitierte Stelle ist: B. 60, 43, 6, 1

23 κεφ. ε'.] β'.

27 Παῦλος] erg. D. 22, 5, 15, 1

33 Οὐλπιανοῦ] erg. D. 28, 1, 20, 6

33f. ἤτοι ...] erg. B. 35, 1, 21, 6

Seite 1241

Zeile 1 κεφ. ς'.] erg. θεμ. α'.

9 Nov. 90] erg. c. 3

22 κεφ. ιζ'. θεμ. δ'.] θ'. θεμ. ε'.
Die Verw. fehlt bei Hb.
26 νς'. ὅλον.] νς'. ἐν τέλει. Nur der letzte Satz ist Strafvorschrift.
27 οβ'.] ογ'. ist wörtlich zitiert.

Seite 1242

Zeile 4 κεφ. κ'.] κα'. (pr.)
8f. κεφ. ιβ'.] θ'.
9 κεφ. λβ'.] λ'. = D. 26, 2, 32, 2
13 νόμος ὁ Ιούλιος] lex Julia de adulteriis. Siehe D. 48, 5. C. 9, 9. B. 60, 37
19 Οὐλπιανοῦ] erg. D. 28, 1, 20, 6
22 θεμ. δ'. ἐν τῷ τέλει] θεμ. ς'.
τιτ. η'.] τιτ. α'. erg. B. 35, 1, 21, 6
24 Nov. 48 Leo Phil., siehe Jus Graecoromanum, ed. Zepos, Vol. I S. 113f.
25 διγ.] κεφ. Hier ist die gegenüber lex 17 verengende Vorschrift des κεφ. 18 gemeint.
27f. ε'. θεμ.] ς'.

Seite 1243

Zeile 3 ἤτοι ...] erg. B. 60, 50, 14, 1.
14 κανὼν πη'.] ρλα'. (ρμ'.) (Hb ρλβ'.) (Rhalles-Potles, Syntagma 3 S. 600)
20 θεμ. δ'.] γ'.
25 vor 'Ὡς] Hb 'Ισίδωρος. Der Satz ist Sch. 3 sehr ähnlich.
28f. πη'.] ρλα'. Vgl. Z. 14

Seite 1244

Zeile 5 Οὐλπιανοῦ] erg. D. 28, 1, 18, 1
8 κεφ. ιη'. περὶ τὰ μέσα] ιθ'. θεμ. α'.
14 γ'. διγ.] erg. § 5
20 Erg. B. 60, 34, 4 (in Verbindung mit B. 21, 2, 2, 5 u. B. 60, 34, 8); bezieht sich auf ἀτιμία.. (B. 60, 50 und B. 60, 21, 14, 41—43, kommen nicht in Betracht).

Seite 1245

Zeile 1 Nov. 90] erg. c. 3 (vorletzter Satz).
3 τὸν παλαιόν] = Verw. in ein altes Sch., welches in den Sch. zu diesem Titel nicht enthalten ist. Zu B. 3, 1 sind keine Sch. erhalten. Siehe Schelt. App. zu Z. 3.
10 κεφ. ι'. θεμ. δ'.] B. 60, 50, 9, 3 = D. 48, 18, 10, 3
περὶ τὸ τέλος] entfällt.

17 κεφ. κβ'.] κα'. B. 35, 1, 21, 10 ist wörtlich zitiert.
25 διατ. ὑστέραν (20)] ιζ'. (So auch Hb.)
26 ἤτοι ...] B. 21, 1, 41 (Siehe auch Schelt. App. zu Z. 22).

Seite 1246

Zeile 2 περὶ τὸ τέλος τοῦ ζ'. κεφ.] § 9 u. 10 (Anfang)
4 θεμ. β'.] α'.
7 κεφ. δ'.] erg. θεμ. α'.
8 κεφ. ϟ'.] πθ'. (Hb hier ϟα'.)
θεμ. θ'.] ιϛ'. — ιη'.
10 ζ'.] entfällt. Hier ist die zugrunde liegende D. 22, 5, 24 gemeint. (So auch Hb).
12 διγ. α'. καὶ ι'.] erg. lex 1, 3 u. lex 10, 4
13 ἤτοι ...] erg. B. 60, 50, 1, 3 u. κεφ. 9, 4
20 διγ. α'.] erg. § 2
α'. διγ.] erg. § 11
21 ἤτοι ...] B. 54, 14, 1, 11 (wörtlich zitiert)
24 κεφ. μη'.] Das Sch. verweist nicht in den vorliegenden Titel. Hier kommt B. 50, 21, 11, 2 = D. 47, 10, 11, 2 in Betracht (... ut puta ... ceterosque, qui pro aliis solent intervenire). Andere die interventio — intercessio behandelnde Stellen, D. 2, 4, 10, 13. D. 3, 3, 40, 4. D. 39, 2, 17, 2. D. 46, 7, 3, 1 scheiden aus. In Betracht kommt auch B. 7, 2: Περὶ δοκιμασίας μεσιτευόντων και αἱρετῶν δικαστῶν; doch ist hier eine Festlegung auf ein κεφ. nicht möglich (s. Z. 25).
25 B. 7, 3, 17, 2 Wahrscheinlich B. 7, 2, 17 pr. (oder κεφ. 48) (s. Schelt. App.).
26 B. 21, 1, 25] ab Satz 2 dem Stil nach ein in das Gesetz hineingenommenes Sch.
31 Nov. 90] erg. c. 2

Seite 1247

Zeile 2 διατ. κζ'.] erg. § 2
ιε'.] erg. § 6
3 Nov. 107] erg. c. 2
27 Die Textlücke ist wohl mit einem einen Vertragstyp bezeichnenden Worte wie συμφώνων oder συναλλαγμάτων zu ergänzen (siehe auch Z. 13f.).
28 Const. 2 wurde nicht in die Bas. (Pa) aufgenommen. In der Zählweise des Cod. Pa wurde die Zahl des κεφ. κϛ'. übersprungen. Die übernommenen alten Sch. zu Const. 2 stehen eigenartigerweise hinter denen zu κεφ. κζ'. (siehe Schelt. App. zu Z. 28).

Seite 1248

Zeile 1 ἡ δ'.] ιε'. (wie Hb)
5 D. 21, 4, letzte lex] D. 22, 4, 1
3 Mit „Τὸ κατὰ πόδας“ bezeichnete Sch. enthalten in diesem Titel immer eine genaue Übersetzung der einem κεφ. zugrunde liegenden Stelle des Corpus Juris.
21 ζ'.] η'.
23 θεμ. β'.] α'.
B. 19, 10, 31, 9] B. 60, 12, 89 = D. 47, 2, 90 (mercennarii: D. 8, 6, 20. D. 43, 23, 3 pr. u. lex 5, 11. D. 50, 13, 1, 4, kommen hier nicht in Betracht.)
24ff. D. 28, 1, 21 oder B. 35, 1, 21, 1] lex. 22 pr. u. 20, 3 oder κεφ. 23 pr. u. 21, 3
30 Nov. 90] erg. c. 3 (Mitte)

Seite 1249

Zeile 4 κατωτέρω] erg. C. 4, 20, 10 = κεφ. 34
8 κεφ. κ'.] ιθ'. = D. 48, 18, 20
11 δ'.] entfällt
οε'.] erg. θεμ. β'. (siehe S. 1223, Z. 29ff.)
11f. νε'. καὶ ξε'.] ξγ'. (vgl. 1223, 35 u. 1253, 8)
20 Sch. 7 gehört bis auf Satz 1 nicht zu κεφ. 28 sondern zu κεφ. 27 (siehe Sch. 3 zu κεφ. 27).
22 τιτ. β'.] α'.
κβ'. κεφ. τοῦ παρόντος τιτ.] B. 35, 1, 23 pr.
24 B. 35, 3, 20, 3] B. 35, 3, 21, 3
26 κς'.] λα'.
27f. Siehe S. 1223, Z. 27ff.

Seite 1250

Zeile 8 βιβ. ιζ'.] ζ'.
21 Nov. 90] erg. c. 6

Seite 1251

Zeile 1 λζ'.] λς'.
3 κθ'.] κη'.
4 λς'.] λε'.
6 κγ'.] κβ'.
12 νγ'.] νβ'. (Hb κγ'.)
20 ιζ'.] ις'. = D 48, 18, 17
21f. θεμ. β'.] α'.
22 κεφ. κε'.] κβ'.
θεμ. τελευτ.] entfällt

23 B. 5, 4, 20] B. 2, 5, 1
24f. B. 60, 50, 18, 5. 6. 7] B. 60, 50, 17, 6. 7. = D. 48, 18, 18
25 κθ'.] entfällt
λϛ'.] λε'.
⟨..⟩] erg. α'.
25 θεμ. ...] ε'. ϛ'. η'. θ'. ι'. ιγ'. ιϛ'. ιη'.
28 κεφ. λζ'., λδ'.] λϛ'., λγ'.
29 κεφ. νη'.] νγ'. = D. 19, 1, 58, 2
29f. θεμ. τελευτ.] entfällt (siehe Z. 22)
30 θεμ. δ'.] ε'.
κεφ. λζ'.] λϛ'. (siehe Z. 28)
32 Außer Satz 1 bezieht sich Sch. 1 auf κεφ. 31.
33 λγ'.] λδ'.

Seite 1252
Zeile 4 τιτ. ι'.] erg. § 9 u. 10
9 Verw. in ein altes Sch. zu B. 60, 50, 26, welches aber in dem Sch. zu Titel 50 nicht enthalten ist.
10 β'. θέμα] γ'.
20 Nov. 90] erg. c. 1 pr. (εὐυπολήπτους) statt ἀξιοπίστους)
23 ιϛ'.] erg. § 1
25 κβ'.] erg. § 5
27 β'.] δ'. = C. 4, 66, 4 (am Ende)
30 λα'.] erg. § 1
31 ιε'.] erg. § 6 (am Ende)

Seite 1253
Zeile 7 οη'.] π'. θεμ. ε'. = C. 4, 21, 22, 5
8 ξζ'.] ξγ'. = C. 8, 53, 31, 1, (siehe 1223, 29ff. u. 1249, 11)
18 Verw. in ein Sch. des Anatolios, welches in diesem Titel nicht enthalten ist.
22 παραγραφῇ] erg. Sch. 5—8 zu B. 21, 1, 28
26 μδ'.] μθ'. (Wörtliches Zitat)

Seite 1254
Zeile 4 ϛ'.] erg. § 2
14 νεαραῖς] erg. Nov. 90 c. 8
17 ιη'.] ιζ'. (wörtliches Zitat des pr.)
18 κϛ'.] κε'.

Seite 1255
Zeile 26 κβ'.] λβ'.
32 μγ'.] κϛ'.

Seite 1256

Zeile 2 νη'.] in Verbindung mit νζ'.
6 ὅλον] ἐν τέλει
8 θεμ. τελευταῖον] θεμ. α'.
9 ιϛ'.] ιε'. = D. 22, 5, 16
13 η'.] erg. § 1
18 λβ'.] λγ'.
19 ἐπιδόσει] ἐπὶ δόσει (siehe B. 9, 3, 33)

Seite 1257

Zeile 6f. B. 60, 41, 1] B. 3, 1, 36 (siehe S. 1255, Z. 26ff.)
14 ιε'.] erg. § 3
26 Sch. 1 gehört zu B. 21, 1, 38
29 κ'.] η'. (§ 1) wie Hb
31 Nov. 90] erg. c. 1, 1

Seite 1258

Zeile 1 λγ'.] λβ'.
6 λ'.] κθ'.
8 λβ'.] κη'.
13 C. 1, 46, 19] C. 8, 46, 9 (Nec filium negare cuiquam esse liberum)
18 περὶ συμβολαίων (49)] Nov. 73, Praef. u. c. 5
19 Nov. 90] erg. c. 2
ὧν εἴπομέν σοι] Verw. in ein Sch. zu Const. 10, welches nicht erhalten ist.

Seite 1258

Zeile 23 ὧν εἶπόν σοι] Verw. in ein Sch. zu C. 4, 2, 5 = B. 23, 1, 49, welches nicht erhalten ist. Auch Sch. 9 kommt nicht in Betracht.
24 τὰ συνταχθέντα σοι] Verw. auf die (alten) Sch. zu C. 4, 21, 22 (= B. 22, 1, 80). Mit Sicherheit Sch. 2 u. 3.
30 Nov. 49] Nov. 73 (wie Hb) siehe Z. 18

Seite 1259

Zeile 9 κζ'.] an sich richtig. (Bei Hb λζ'., ebenfalls möglich.)
27 τοὺς παλαιούς] Verw. auf die alten Sch. zu κεφ. 28, Sch. 1. 2 u. 3
32 παλαιούς] siehe Z. 27
33 'Ανατόλιον] Verw. in ein Sch. des Anatolios, das mit den in Sch. 10 u. 14 gebrachten Anatolioszitaten in Verbindung stehen mag, in diesem Titel jedoch nicht enthalten ist.

Seite 1260

Zeile 10 η'.] ζ'. = D. 22, 5, 8
13 C. 3, 5, 45] C. 2, 21, 7
19 κεφ. —] erg. κζ'. (θεμ. 2ff.)
23ff. Für eine Ergänzung der Verw. und der beiden Textlücken ergibt sich kein Anhaltspunkt. Das vorliegende κεφ. 39 kann nicht gemeint sein.
31f. C. 6, 23, 29] D. 28, 1, 20, 10 = B. 35, 1, 21, 10

Seite 1261

Zeile 1 ιε'.] erg. § 7
2 λη'.] λθ'.
4 λβ'.] λγ'.
καὶ κε'.] entfällt, da hier in diesem Titel außer κεφ. 33 nichts in Betracht kommt.
4f. B. 35, 5, 30, 5] B. 35, 1, 21, 10 (unter Berücksichtigung des Zusammenhangs mit dem vorangehenden Sch.) Siehe auch Sch. 1 zu κεφ. 40.
21f. β'. θεμ. τοῦ κβ'. κεφ.] κεφ. κζ'. (οἰκειακῶν)
32 Nov. 90] erg. c. 8 (. . . qui ante mediatores sunt ipsis ...)

Seite 1262

Zeile 5 Nov. 90] erg. c. 9 (2. Satz)
9 ιε'.] erg. § 2
10 θεμ. β'.] entfällt
16 μζ'.] ν'. (dort Z. 9ff.)
20 ιη'.] π'. (θεμ. ζ'. ff.) Offenbar ein Hörfehler beim Diktieren.

Seite 1263

Zeile 1 κε'.] λθ'. (dort Z. 5f.)
10 Nov. 49] erg. c. 2, 1
14 τοῦ κγ'. κεφ. ἑρμηνείᾳ] Sch. 1 zu κεφ. κβ'.
20 κϛ'.] B. 21, 1, 20, 3 (ὑπονοίας ἔχθρας)
24 λϛ'.] λζ'. und Sch. 1 u. 2 zu Thalelaios (Schelt. B. IV, S. 1565)
27 μϛ'.] με'.
30 β'.] ιβ'.

Seite 1264

Zeile 2 μγ'.] μβ'.
5 ιβ'.] ια'.
6 Τὸ κατὰ πόδας] erg. C. 4, 20, 18
7 Θαλέλαιος] Dieses Thalelaios-Sch. ist im vorliegenden Titel nicht enthalten, auch nicht in den Sch. zu B. 23, 1, 37 (siehe S. 1263, Z. 23ff.)

9 ιβ'.] ια'.
17 κεφ. μς'. θεμ. β'. καὶ γ'.] μβ'. (Eine Themaeinteilung ist uns hier nicht bekannt).
28 τοῦ ...] erg. παρόντος κεφ. (dort Z. 9ff.)

Seite 1265

Zeile 8 Sch. 3 bezieht sich nicht, wie Schelt. App. zu κεφ. 43 sagt, zu Z. 14, sondern zu Z. 26ff.
10 ς'.] erg. § 2
16 οθ'.] in Verbindung mit κεφ. π'. zu sehen.
24 κεφ. ..—] erg. ιγ'. θεμ. α'. (In Zusammenhang mit der vorangehenden Verw.)
25 θεμ. β'.] entfällt (vgl. S. 1264, Z. 17)
27 ις'.] erg. § 1

Seite 1266

Zeile 16 ε'.] erg. §§ 3 u. 4 (Das οὐ κεῖται, Schelt. App., ist also hier gegenstandslos.)
17 C. 4, 42, 6] C. 4, 20, 20 = κεφ. 44 (dort Z. 16)
33 ε'.] erg. § 4

Seite 1267

Zeile 3 ⟨ι⟩ β'.] β'.
παραγραφὴν] erg. Sch. 1 von Stephanos zu B. 22, 5, 2 (Möglich auch Sch. 2 u. 4 zu B. 22, 5, 1)
7 κγ'.] κβ'.
11 πρὸ ταύτης] παρούσῃ
28 Siehe Z. 3. Sch. 1 zu B. 22, 5, 2.

Seite 1268

Zeile 8 Nov. 45] erg. c. 1 (wie Hb).
10 Stephanos war der Lehrer des Theodoros
34 κς'.] κζ'.
Θεόδωρος] Sch. zu B. 1, 1, 1, welches nicht erhalten ist.

Seite 1269

Zeile 3 κδ'.] κε'. και κς'.
5 Sch. zu B. 1, 1, 16, nicht erhalten
12 μ'.] Die Nestorianer sind nur in B. 1, 1, 22 erwähnt. Hier ist wohl ein Sch. zu B. 1, 1, 22 gemeint.
16 Das Sch. des Thalelaios zu B. 1, 1, 11 ist wie die beiden vorangehenden nicht erhalten.

Seite 1270

Zeile 4 παλαιούς] Verw. in alte Sch. zu B. 1, 1, 20 = C. 1, 5, 4, die nicht erhalten sind.

6ff. Θαλέλαιον] Verw. in Sch. des Thalelaios zu B. 1. 1. 21 und B. 1, 1, 29, die nicht erhalten sind.
21 ιη'.] ι'. (§ 6 in Verbindung mit D. 22, 5, 3, 5)
25 ιγ'. καὶ ιε'.] gemeint ist jeweils pr.

Seite 1271

Zeile 2 ιδ'., ιε'. θεμ. β'.] ιδ'. θεμ. α'. (wörtlich zitiert.)
4 ιη'.] ιζ'. = D. 48, 18, 18, 3
17ff. Sch. 3 gehört bei Hb zu κεφ. 48 (Z. 23ff.)
26f. C. 4, 20, 4] richtig wäre D. 22, 5, 10. Dem Wortlaut zu entnehmen, ist hier auf Sch. 1 (Theodoros) zu B. 21, 1, 28 = C. 4, 20, 4 verwiesen.
31 ἤτοι B. 22, 1, 68. 73. 74. 75.] B. 22, 1, 68. 72. 73. 74.
32 ὅλων] ὅρων (siehe B. 22, 1, 28 und Hb Tom. 2, S. 420 App. w.)

Seite 1272

Zeile 20 κεφ. κα'. θεμ. δ'.] κεφ. κ'. θεμ. γ'.
23f. ·οὐ]. Οὐ
25 Siehe Z. 20

Seite 1274

Zeile 4 ις'.] erg. § 1
14 α'.] η'.
22ff. Sch. 4 setzt sich mit Darstellungen des Theodoros von Hermopolis und des Athanasius zu κεφ. 51 auseinander. Vgl. Hb VI, S. 198.

Seite 1275

Zeile 3 Ἰνστιτούτοις] erg. Inst. 1, 3, 4
15 Nov. 49 Leo Phil.] erg. Satz 2
18 μ'.] μα'. (Satz 2)
κεφ. α'.] οδ'. θεμ. β'. ἐν τέλει (siehe auch Sch. 8 zu B. 29, 1, 74)
20 λθ'.] λε'. Hier ist in Sch. 2 zu B. 60, 51, 35 = D. 48, 19, 39 verwiesen.
29 μα'.] νγ'. (Hb)

Seite 1276

Zeile 7 ις'.] erg. § 1
16 μζ'.] ν'. (wie Hb = Nov. 90 c. 5)
31 hinter λέγεται, erg. φησί (siehe B. 7, 17, 11, 1)

Seite 1277

Zeile 1 ιγ'.] ιβ'. Wörtliches Zitat von B. 7, 17, 12.
7ff. Sch. 6 ist ohne Verw. das wörtliche Zitat von B. 7, 17, 13

E. QUELLENVERZEICHNIS

(Die in B. 21, 1 enthaltenen Verweisungen sind hier emendiert aufgeführt und in die Seiten- und Zeilenzahlen von Schelt. B IV angegeben. Verweisungen in die zugrunde liegenden Titel B. 21, 1; D. 22, 5; C. 4, 20 und Nov. 90 sind herausgelassen.)

FSC
www.fsc.org
MIX
Papier | Fördert
gute Waldnutzung
FSC® C083411

Kolibri 360 GmbH
Ferdinand-Jühlke-Straße 7
99095 Erfurt, Deutschland
produktsicherheit@kolibri360.de